한 《韓文化》 문화의 뿌리를 찾아서

혼문화의 뿌리를 찾아서

발행일	2014년 6월 16일 초판 발행
지은이	제갈태일
발행처	상생출판
주소	대전시 중구 중앙로 79번길 68-6
전화	070-8644-3156
팩스	0505-116-9308
홈페이지	www.sangsaengbooks.co.kr
출판등록	2005년 3월 11일(175호)

ISBN   978-89-94295-78-7
        978-89-94295-27-5 (세트)

STB
특별기획
역사특강
3

흔
문
화
의

韓文化

뿌
리
를
찾
아
서

제갈태일 지음

상생출판

서문

'흔'은 순수한 우리 고유어이고 우리문화의 키워드이다.

한민족과 애환을 함께 한 생래적인 문화상수文化常數이고 우리민족의 삶 속에 깊이 뿌리내린 민족의 원형질이다. 오랜 역사 속에서도 역동적인 저력을 발휘한 우리문화의 원동력이었다.

역대왕조의 흥망성쇠의 순환 고리도 한의 사이클과 무관하지 않았다. 한의 원형을 잘 살린 군왕은 그 치세가 빛났고 그렇지 못한 임금은 민초들의 거센 저항을 불러 일으켰다.

'한'을 처음 대하는 독자도 있을 것이다. 36년간의 왜정치하를 거치면서 일본은 우리민족의 원형인 '한'을 철저히 말살했고 해방 후 반세기 동안 서양물결이 휩쓸면서 고유문화가 매몰된 탓으로 생각한다. 우리 것에 대한 폄하의식도 이런 그릇된 편견 때문에 비롯된 것이다.

'한'은 '하나'란 뜻이지만 사전적 의미는 22가지나 있다. 따라서 이 한은 한민족의 원초적인 어원이다. 민족의 이름마저 '한'민족이고 한복, 한식, 한옥 등 의식주의 명칭도 모두 한인 것을 보면 알 수 있다.

한은 하늘과 땅과 사람이 하나라는 보편적 우주관에서 출발한다. 즉, 천지인합일을 이상적인 삶의 철학으로 생각해 온 우리민족의 원천적인 패러다임이다. 가장 자연적인 삶을 추구했던 선조들의 지혜였다.

하늘의 뜻인 순리를 존중했고 땅을 어머니처럼 사랑한 민족이었다. 수천 년을 이어온 우리민족의 원형질이요, 민초들의 삶을 이끌어온 생명력 자체이다. 바로 '한'이즘HANism으로 정의할 수 있다.

한문화의 뿌리는 고조선에서 찾을 수 있다. 단군이 나라를 개국할 때 천명한 것은 홍익인간과 재세이화在世理化였다. 전자는 삼라만상이 모두 하나이니 널리 제 몸처럼 이롭게 하라는 뜻이고 후자는 그런 진리에 순응하면 가장 아름다운 세상이 된다는 뜻이다.

고구려 건국이념인 이도여치以道與治나 신라의 광명이세光明理世, 고려의 금탑金塔이나 조선의 금척金尺도 뜻은 대동소이하다.

이理와 도道, 광명光明과 금金은 영원히 변하지 않는 가치나 진리를 뜻한다. 이런 불변하는 세상이치대로 살 것을 강조한 것이다.

'한'이즘HANism은 하나 되는 문화이다. 단군이 천명했던 홍익인간의 범애적 우주관과 순리대로 정치하는 재세이화는 한의 가장 고태적인 민족원형이다.

위대한 민족은 예외 없이 민족고유의 정체성政體性Identity이 있다. 중국의 도道, 영국의 신사도, 이스라엘의 시오니즘 등이 그것이다.

또한 선진국일수록 세계 속에서 타민족과 차별성을 강조해 왔다. 세계화란 획일화나 모방화가 아니라 넓은 꽃밭에서 백화난만하는 차별화에 있다. 개성은 더욱 아름다운 하모니를 이루는 전제이기 때문이다.

세계문화의 좋은 점은 받아들이고 우리 문화와의 접목을 통해 새롭게 창조하는 노력도 절실하다. 또한 우리 고유문화의 정체성을 찾고 다듬어 그들과 차별화를 이룰 때 더욱 빛이 날 것이다.

우리 고대사와 전통문화, 신화와 철학 등은 외세에 의해 많이 왜곡되거나 멸실되었다. STB상생방송 TV에서 역사바로세우기와 소중한 우리 것을 발굴하고 널리 홍보하는 것은 시의적절한 소명召命이다.

또한 이런 노력은 식민사관에 젖은 자괴감과 열등의식을 청산하고 민족정체성교육의 초석이 될 것이며, 선진국을 향한 국가번영의 원초적인 에너지로 작용할 것이다. 여기에 참여하게 된 것을 기쁘게 생각한다.

'한문화의 뿌리를 찾아서'라는 STB상생방송 TV강의는 1강에서 6강까지 편성되었다.

1강은 한의 고대적 원형을 살펴보고 그 연원인 단군정신을 정리했다. 고대 언어와 생활 속의 한문화도 함께 검토할 것이다.

2강은 우리고대사를 철저히 말살한 일본의 만행을 살펴볼 것이다. 고대 동이족의 본거지인 홍산문화의 발굴과 고조선의 영토였던 하가점 문화들의 발굴도 정리하며 고대사의 뿌리를 확인할 것이다.

3강은 우리문화는 이성적 측면인 순리順理와 감성적 측면인 신명神明이 아우러지며 분에 넘치지 않고 신바람을 발휘해 창의성을 촉

6

발했다. 또한 기층문화인 정情이 오늘날 한류의 진원지임을 확인할 수 있다.

4강은 현대물리학과 칼 융의 심리학, 양자역학과 퍼지이론, 과정철학 등을 통해 '한'문화의 세계성과 보편적 가치를 살펴보고자 한다.

5강은 우리문화가 세계적 문화코드로서 후기 산업사회와 글로벌 기업들의 성공사례들을 비교해봄으로써 세계성을 증명하고자 한다.

6강은 가장 '한'사람적인 원형을 살펴보고 우리문화의 르네상스 필요성과 한문화에 입각한 교육의 중요성을 설명하며 결론을 맺고자 한다.

고인이 된 소리꾼 박동진 옹의 구수한 입담과 함께 '우리 것은 소중한 것이여'가 국민멘트가 된 일이 있었다. 그러나 막상 소중한 우리 것이 무엇인지 묻는다면 많은 사람들이 말문이 막힌다.

우리 것을 찾는 일은 선진국 진입의 관건이다. 부족한 책자지만 우리 문화에 대한 관심 있는 분들에게 도움이 된다면 감사할 뿐이다. 한민족에게 '한'이 없다면 영혼을 빼앗긴 사람이란 화두를 남기고 싶다.

2014. 3

Contents

제 一 강 한은 유구한 날말이다

제1강
'호'은 유구한 낱말이다

만나서 반갑습니다.

제 이름은 제갈태일입니다. 복성이고 이름이 길다보니까 절 만난 사람들은 거의 다 기억을 해주는 점은 좋습니다만 불편할 때도 있습니다. 주로 전화를 할 땐데 전화를 받으면 제 이름을 얘기하지 않습니까. "제갈태일"이라고 하면 그쪽에서 "뭐라고요?" 하는 얘기를 하거나, 다시 "제갈태일입니다." 하면 "그게 뭡니까?"하며 되묻는 경우도 있고, 어떤 때는 "농담하지 마세요."라고 얘기를 합니다. "이름 갖고 농담하는 경우가 있냐"고 하면 그분들도 그 때는 "성은 제갈이고 이름은 태일이라는 사람"인 줄 알게 됩니다.

한 번은 국회의원이 자기 정견을 적고 한 표를 부탁한다는 뜻으로 홍보하는 편지가 왔습니다. 이 편지 봉투에 제 이름이 '도갈태일'이라고 되어있는 겁니다. 이런 걸 받아보면 참 황당해지죠. 김아무개인데 이아무개라고 하는 것과 같은 상황인데, 참 당혹해지면서 생각나는 것이 '이 사람들 참 무례하다, 예의를 모른다.'는 생각을 하게 되고, 그 다음에 조금 더 생각해보면 이건 우리 조상을 폄하하는 게 아니냐 하는 비약된 생각도 할 수 있습니다. 어쨌든 아주 기분이 안 좋은 상황이 되죠.

훈은 우리민족의 성이다

이 상황에서 제가 오늘 한문화의 뿌리를 찾아서라는 제목하고 비교를 해보겠습니다. 한이라는 말은 우리 5천년 역사의 온민족의 성입니다 이게. 여러분이 이해가 잘 안가시면요. 나라이름도 한국이죠. 의식주 이름이 전부 한복, 한옥, 한식 아닙니까? 그래서 이 5천년 내려온 역사의 한민족이라고 했을 때 한은 바로 우리 민족의 성에 가까운 겁니다.

그런데 이것을 엉뚱하게 왜곡시키거나 아니면 한이라는 말을 이렇게 잘라버리거나 이렇게 되면 어떻습니까? 저는 개인적으로 '제갈태일'을 '도갈태일'로 하는 이런 사람은 고치면 되지만 한민족의 이 성을 이렇게 왜곡하거나 끊어버렸다면 심각한 문제죠. 아마 이 부분은 여러분들도 크게 제 얘기에 이의를 달지 않으리라 생각합니다.

강의 개요

그래서 앞으로 제가 「훈문화의 뿌리를 찾아서」에 대해 여섯 시간

강의를 할 겁니다. 오늘 1강은 '흔'이 우리 민족의 성이라는 것과 이 낱말의 뿌리를 찾아보자는 것이 주제입니다. 그 다음 2강은 그러면 이 흔이라는 말이 어디서 나왔느냐는 얘기죠. 그 근원이 뭐냐? 이걸 조감해 볼 겁니다. 그렇게 해야 순서가 되겠죠. 그 다음 3강에 가서는 여기서 말하는 흔문화의 본질이 무엇이고, 흔문화의 내용이 어떤 것인지, 이 부분을 분명히 짚어볼 것입니다. 흔문화의 키워드를 분석하여 전체적인 조감을 해보겠습니다.

4강의 주제는 이 흔문화가 과연 보편성이 있는가 하는 것입니다. 우리끼리만 하는 그런 내용의 아주 국수적인 것이냐, 아니면 세계적인 경쟁력이 있느냐, 이 부분도 짚어봐야겠습니다.

지금은 21세기잖습니까? 그럼 5강에서는 21세기에도 흔문화가 과연 세계적으로 경쟁력이 있는 문화코드냐. 이 부분도 짚어봐야 합니다. 이것을 다 짚어봐서 맞다고 한다면 6강에 해야 할 것은 당연히 뭐겠습니까? 흔문화는 르네상스를 해야 한다, 부활을 해야 한다 이런 얘기로 매듭을 지어져야 할 걸로 생각합니다. 앞으로 6강을 그렇게 진행하겠습니다.

흔문화를 연구하게 된 동기

강의 전에 "선생님, 흔문화하고 어떤 인연으로 공부를 하게 되었냐"고 물어보셨는데요. 제가 처음으로 공직에 나섰을 때가 1968년입니다. 그때 케네디 대통령이 우리나라에 Peace Corps라고 해서 평화봉사단을 보냈습니다. 그 때 한 미국친구와 옆방에서 함께 하숙을 했습니다. 이 친구는 만돌린mandolin(류트족의 현악기)을 매일 쳤어요. 하버드 건축학과를 졸업한 친구입니다. 아마 지금 주한미대사도 충청남도 예산에서 평화봉사단으로 오신 분이었던 걸로 기억하는데 그때 같이 왔던 사람인 것 같습니다.

마침 그 친구하고 나이가 비슷하니까 같이 어울려 다녔어요. 그리고 이 양반이 건축을 전공하다보니까 우리 한국의 전통건축을 보자는 거예요. 그래, "그러자" 하고 휴일이 되면 그 친구와 돌아다녔어요. 그러다가, 보통 영어로 얘기해서 'good'이란 말은 의례적으로 쓰는 말이에요. 안 좋아도 good, good하죠. 근데 조금 좋으면 'very good'이란 말을 써요. 괜찮다, 이런 뜻으로 쓰이는 말이고. 그 다음 한 단계 더 높은 것이 'wonderful'이란 겁니다. '와, 좋다!' 이런 뜻이 되겠죠. 그보다 훨씬 좋은 단계가 뭐냐. "excellent"라는 말을 씁니다. 우리말로 하면 '환상적이다. 존경할만하다. 기립박수를 할만하다.' 이 얘기가 'excellent'예요. 이 친구가 'Excellent!'라고 하는 게 몇 가지가 있어서 제가 소개합니다.

기와집의 선이 있죠? 옛날 기와입니다. 요즘은 그런 게 없는데, 청와대의 기와선도 일직선입니다. 옛날처럼 휘어지지 않았어요. 15도 각도인가. 건축을 전공하는 사람한테 물어보면 그 선을 지금도 복원하지 못한다고 하더라고요. 그런데 이 친구가 그걸 보면서 "Excellent!" 하며 넋을 잃고 쳐다보았습니다. 어떻게 한국의 고가古家에는 저 선이 나올 수 있느냐. 현대건축에서는 저 선을 못 낸다고 말했어요.

그 다음에 부석사를 갔는데, 이 친구 그걸 보고서도 입이 벌어졌죠. 산을 내려오다 보면 산기슭에 정자가 있죠, 산과 물이 어우러진…. 앞에 개울이 흐르고 하늘이 파랗게 맑고 그 곳에 정자가 있는 모습을 이 친구가 보고는 빨리 버스에서 내리자는 거예요. 왜 내리느냐고 물으니 저걸 봐야한다는 거였어요. 그리고는 넋을 잃고 쳐다보고 있는 거예요. 왜 그러느냐? 우리는 그 풍경에 별로 감흥이 없잖아요. 정자는 정자지. 뭐, 그렇게 대단한 게 아니라고 생각하잖아요. 이 사람은 그걸 보면서 "Excellent!"라는 겁니다. "어떻게 저럴 수 있느냐. 한 마리 칠면조가 거기 앉아있는 것 같다." 이게 그 사람 표현이었어요. 저는 콩글리쉬를 하고 이 친구는 엉터리 한국말을 하고 이렇게 하면서 6개월 같이 부딪치다보니 서로 통해요.

어느 날인가, 밤 10시쯤 됐는데 막 불러요. 미스터 제갈 어쩌고 해서 쫓아갔어요. 나는 큰일 난줄 알았어요. 이 친구가 "저걸 봐라"는 겁니다. 옛날 60년대 촌집에 가면 봉창이라는 게 있죠. 한지로 발라놓은 거. 그걸 바라보면서 저걸 봐라. 보니까 봉창 앞에 감나무 그림자가 왔다, 갔다하고 보름달이 비치니까 색이 진짜 환상적이더라고요. 그리고 보니까 그렇더라고요. 저거 한번 보라고. 그러면서 이 친구가 한지에 대한 관심을 갖게 된 게 아마 그때부터인가 봅니다. 그래서 한지 만드는 곳을 가보자고 했습니다. 내가 데리고 갔어요. 그때만 하더라도 한지 다 만들었잖아요. 닥나무로 해서 며칠 말리고 하는 거 전부 보여주니까 이 친구가 그 과정에서 한국에 반했다는 얘기를 하더라고요.

또 한 번은 밥을 먹는데 문 사이에 문풍지라는 게 있죠. "미스터 제갈~" 하면서 진지한 모습으로 "이 문풍지 드르륵하는 이유를 아느냐?" 이유를 나도 잘 모르겠다. 좀 창피스런 얘기잖아요. 문풍지를 왜 달아놨는지 난 잘 몰랐습니다. 그런 교육을 받은 적이 거의 없잖아요. 솔직히 없습니다. "이게 방안 온도와 바깥 온도를 상쇄시키는 그런 에어컨의 역할을 한다."고 그런 얘기를 하더라고요. 그래서 그런 얘기를 들으면서 진짜 한국문화를 다시 생각해봐야겠다는 계기가 되었습니다.

본 강의로 들어가서 오늘 훈문화 1강은 훈이라는 말 자체를 생각해보겠습니다. 먼저 '훈이라는 건 유구한 낱말이다'라는 겁니다.

1. 언어는 고대사상의 화석

훈의 어원과 의미

예를 들어서 언어학자들이 말할 때 언어라는 것은 고대사상의 화석이라고 했습니다. 모든 문화의 에센스가 언어에 다 있다는 겁니다. 말 속에 다 있다고. 그러니까 저 언어라는 것은 고대사상의 화석이라는 유명한 말이 그렇게 해서 이뤄지는 겁니다.

지금 여기에 나오는 이 서른여덟 자가 3대 단군이신 가륵이라는 분이 있죠? 그러니까 1대 단군왕검에 이어서 2대 단군이 부루단군이셨고, 그의 아들이 가륵이라는 분이였습니다. 그러니까 BCE 2200년경쯤 되겠습니다. 이분이 삼랑三郞 을보륵乙普勒이라는 대신에게 명해 정음正音 38자를 만들도록 하셨습니다. 이게 이름하여 '가림다'문자인데, 가림다라는 뜻은 '하늘 끝, 땅 끝까지도 선택을 받을 수 있는 문자다'라는 뜻입니다.

여러분, 이거 가만히 보세요. 이 38자 속에 우리 한글 24자가 다 들어있습니다. 다 들어있죠? 그래서 훈민정음의 서문을 쓴 정인지 께서도 한글이 전자를 모방했다는 말을 쓰고 있습니다.

그래서 ᄒᆞᆫ이라는 말은 아래 아(·) 자를 써서 ᄒᆞᆫ이라고 썼는데 우리 연구회 로고이기도 합니다. 우리는 그냥 한으로 쓰지 않고 언제 든지 이 글자를 씁니다. 그래서 고대사상의 화석인 것이고 반면에 민족원형을 추출해내는 근간이 된다. 즉 뿌리라는 얘깁니다. 이런 의미로 이걸 받아들이시면 되겠습니다.

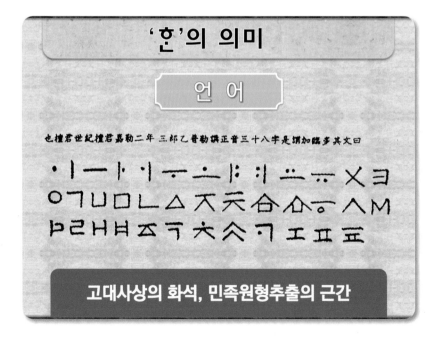

또한 제가 여러 가지로 조사를 하다보니까 한 분이 언어 흔의 의미를 아주 정교하게 정립한 분이 있어서 소개를 드립니다.

이 흔이라는 말은 8천 년 전의 언어랍니다. 우리만 쓴 용어가 아니었고, 그 당시 동북아시아서부터 파미르고원에 이르기까지 몽골족 일대에 썼던 그런 언어라는 겁니다. 우리말만은 아니라는 거죠. 원래 이 말은 가다나간이라는 말이었는데, 이게 2천년마다 한 음절씩 줄었다는 겁니다. 예를 들어서 가다간 하다가, 가간하다가, 나중에 칸이 될 수 있겠죠. 이런 식으로 줄어들면서 칸이 됐다는 겁니다. 칸이 되면서 칭기즈칸이 있잖습니까. 칭기즈칸의 칸은 임금이라는 뜻입니다. 제일 높다는 뜻이지요. 그 다음에 이 말들이 황제라는 뜻이 되면서 이 칸이라는 말을 한문으로 옮길 때 땀 한汗 자도 쓰고 한나라 한漢 자도 쓰고 이렇게 된 겁니다. 또 나무 변에 박달나무 한桓 자를 썼을 수도 있는 겁니다. 그렇게 해서 한이 됐다 이런 얘기입니다.

그래서 중국의 『구당서』 열전의 「고구려전」에 보면 이 말이 나옵니다. '고구려 시조신은 가한신이다.' 여기 보면 한이 이렇게 되어 있죠. 가한이 칸이라는 말이었고. 그 다음에 『삼국유사』에서는 단군의 성이 한이라고 되어 있고. 그 다음 『삼국사기』에서도 신라 17대 유리왕 때 보면 최고의 관직이 서벌한(서불한) 이렇게 나와 있거든요. 그다음 조선시대 정약용의 『아방역고』라는 책 속에 보면 '우두머리를 한이라고 했다.' 이렇게 되어있습니다.

흔의 의미가 22가지가 된다는 겁니다. 그 뜻이 여러 가지 많습니다. 그런데 안호상 박사께서 이 부분을 설명을 할 때 나는 그대로 이걸 그분이 말한 내용을 그대로 받아서 정리를 해보았습니다.

여기서 몇 가지 생각해볼 게 있습니다. 이 훈이라는 말 속에 서로 우리가 봐서 모순이 되거나 서로 상반되는 그런 개념이 함께 녹아져 있다는 겁니다. 용해되어 있다는 이 부분을 볼 필요가 있습니다.

예를 들면 여기에 '하나'라는 말이 나옵니다. 하나는 하나잖습니까. 그런데 여기는 뭐라고 나옵니까? '많다'가 나오죠. 하나하고 많다는 전혀 다른 얘깁니다. 근데 같은 의미라는 거죠. 이거를 질량적인 측면에서 공통성, 수량적인 측면에서 공통성이 있다는 겁니다.

그 외에도 같은 의미 속에 공간적인 것도 시간적인 것도 있어요.

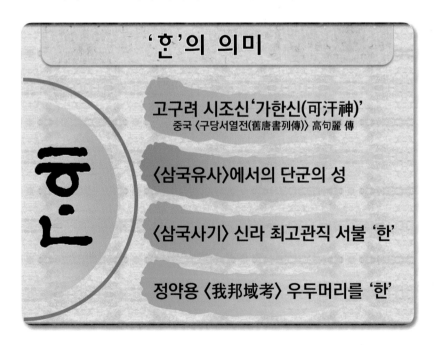

'훈'의 의미

훈

고구려 시조신 '가한신(可汗神)'
중국 〈구당서열전(舊唐書列傳)〉 高句麗 傳

〈삼국유사〉에서의 단군의 성

〈삼국사기〉 신라 최고관직 서불 '한'

정약용 〈我邦域考〉 우두머리를 '한'

처음이라는 말이 나오는가 하면 오래 참는다는 말도 흔에 있고. 처음이라는 말과 오래 참음이란 정확하게 보면 동의어가 아니지 않습니까? 그리고 공간적인 의미로도 보면 크다, 높다, 많다, 길다 이런 공간적인 의미의 확대개념들이 전부 이 속에 다 들어있습니다.

또 그런가 하면 우리가 조금 신학적인 개념으로 보면 하늘, 이 하늘이 한울님도 되고 하느님도 되고 하나님도 됩니다. 임금, 위, 으뜸, 온전, 포용 이 내용들이 상당히 종교적 의미를 가지고 있지만 통합적 의미로 쓰여진다는 겁니다.

따라서 이 흔이라는 낱말은 우리 민족의 정신적, 문화적, 이념적 뿌리로 정의를 할 수 있겠습니다.

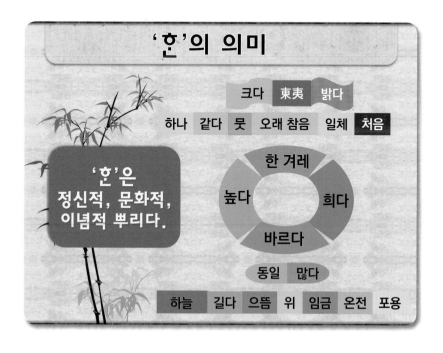

'흔'의 의미

크다　東夷　밝다
하나　같다　뭇　오래 참음　일체　처음
'흔'은 정신적, 문화적, 이념적 뿌리다.
한 겨레
높다　희다
바르다
동일　많다
하늘　길다　으뜸　위　임금　온전　포용

2. '혼'의 고대적인 원형

우로보로스

심리학자나 고고학하는 사람들이 아래 그림을 우로보로스라고 부릅니다. 우로보로스는 뱀이 자기 꼬리를 물고 있는 형상입니다. 이런 형태를 한번 보신 적이 있을 겁니다. 우리나라에도 이런 형태가 있습니다. 왜 그러냐 하면 자궁의 의미도 가지고 있고 칼융 같은 사람은 '무지의 축복상태'라 했습니다. 무지는 무식하다는 뜻이지만 무지가 곧 축복상태라는 표현입니다. 어떤 경우에는 카오스라는 말로 또는 중국용어로 말하면 혼돈이라는 말도 다 포함되는 내용입니다.

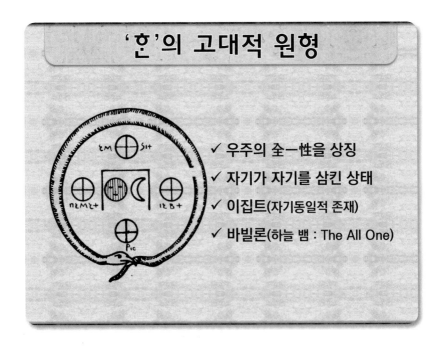

'혼'의 고대적 원형

✓ 우주의 혼─性을 상징
✓ 자기가 자기를 삼킨 상태
✓ 이집트(자기동일적 존재)
✓ 바빌론(하늘 뱀 : The All One)

우주의 전일성全一性을 상징하는 겁니다. 우주가 전부 포괄적으로 하나라는 뜻입니다. 혼이라는 건 이런 의미를 담고 있다는 겁니다. 그 다음에 자기가 자기를 삼키고 있는 상태다. 예를 들면 어린애가 자주 하는 일이 뭡니까? 손가락을 입에 넣고 빨잖습니까? 이게 우로보로스적인 형태거든요. 아직 미분화되었다는 상징적 표현이고 심리적으로나 육체적으로나 모든 면에서 우로보로스적 상태라는 걸 표시하는 겁니다.

이집트에선 이걸 '자기동일적 존재'라고 그랬고요. 또 바빌론에서는 '하늘뱀'이라고 했습니다. the All one, 그러니까 모든 것은 하나라는 거죠. 그러면 왜 하필이면 뱀이냐. 이 얘기는 파충류가 갖고 있는 전형적인 힘입니다. 그래서 power를 얘기하고 있습니다. 프

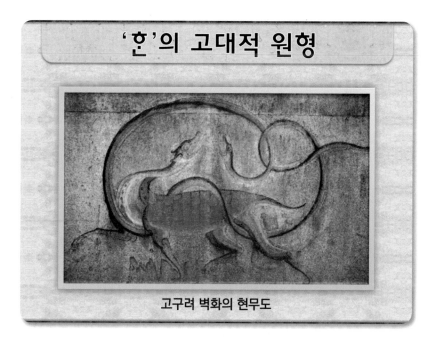

'혼'의 고대적 원형

고구려 벽화의 현무도

로이드는 항문과 배설기능을 가장 원시적인 힘으로 표현했습니다. 그거 없으면 사람 죽잖습니까. 그런 의미로의 뱀입니다.

그 다음에 신라토기에도 우로보로스가 있어요. 여러분들도 이런 부분을 보고 앞으로 박물관에 가보시면 시각이 달라질 겁니다.

여기 보면 개구리가 뱀을 물고 있는 그런 모양입니다. 이게 우로보로스 형태인데 신라시대에도 우로보로스에 관련된 게 있었다는 뜻으로 해석됩니다.

그 다음에는 고구려 백제 고분벽화에도 보입니다. 바로 저겁니다. 고구려 벽화의 현무도도 이렇게 되어있고 전형적인 우로보로스 형태입니다. 고대인들이 생각했던 이 세상의 전일성을 상징하는 그런 의미로 봐주시면 되겠습니다.

난형설화

그 다음 봅시다. '난형설화'라고 되어있는데. 이것은, 우리나라 시조들이 탄생한 게 전부 알에서 태어났습니다. 그 얘깁니다. 조금 있다가 설명을 드리겠습니다. 그 다음에 프로이드란 분이 에고Ego와 슈퍼에고Super-ego는 빙산의 일각으로 나타나 있고 물속의 빙산에 해당하는 이드Id는 인간의 무의식 세계로, 바로 혼돈의 상태로 설명했습니다.

그 다음 봅시다. 창세기는 아직 땅도 하늘도 구분이 안 되는 상황을, 설명을 안 해도 그 상황이 이해가실 겁니다. 우리나라에도 난형, 원초적 신화가 많습니다. 예를 들면 박혁거세는 말에서 붉은 알로 태어나게 되고, 김알지는 닭의 알에서 태어났고, 석탈해는 왕비의 몸에서, 주몽은 유화의 몸에서 전부 알로 태어나잖습니까. 그 다음에 김수로왕 같은 경우에는 황금궤짝을 열어보니까 알이더라. 거기서 아주 미공자가 태어났다. 이게 원초적 신화입니다. 이게 전부 우로보로스적, 하나가 되는 의미의 그런 뜻입니다.

그 다음 알은 어머니의 자궁이요 또 소우주입니다. 그 다음에 1899년 독일 심리학자 네케라는 분이 정의했던 나르시시즘narcissism은 물에 비치는 자기의 얼굴이 예뻐서 자기가 반했다는 자기애自己愛란 뜻입니다. 니비도libido는 생명력이죠. 사람들은 자기애적인 니비도를 벗어나지 못하는 경우가 있습니다. 그걸 바라보고 있다가 빠져서 죽는 나르키소스Narcissus라는 그리스신화에 나오는 인물입니

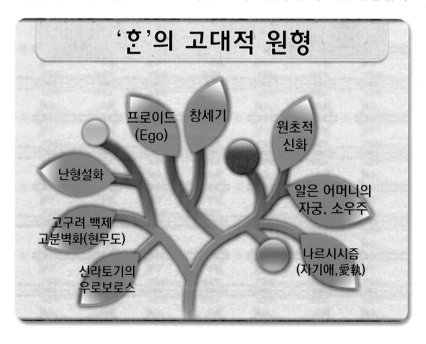

'혼'의 고대적 원형

프로이드
(Ego)

창세기

원초적
신화

난형설화

알은 어머니의
자궁, 소우주

고구려 백제
고분벽화(현무도)

나르시시즘
(자기애,愛執)

신라토기의
우로보로스

다. 나르키소스가 바로 수선화 이름이 되었죠. 그래서 자기애를 나르시시즘이라고 부르게 된 것입니다.

제가 왜 이 얘기를 인용을 했느냐면요. 혼이라는 것은 모든 걸 포괄하지만 다음에 여기에서 분별이 되어줘야 합니다. 일一은 다적多的으로 가줘야 합니다. 안 가고 하나에 머물러버리면 어떻게 되겠습니까? 예를 들어서 뱃속에 아기가 자궁에서 있다가 280일이 지나면 태어나야 되잖아요. 나와야 되는데 애기 입장에서 보면 나가는 게 귀찮은 겁니다. 분리의 갈등이에요. 나가면 우선 자기가 다 해야 되죠. 모험을 감수해야 하죠. 밥 먹는 것 자기가 해야 안 됩니까. 뱃속에 가만있으면 얼마나 편하고 좋아요. 자궁 속에서는 가만있어도 다 해주잖아요. 여기에 빠지는게 심리학에서 말하는 매소키즘 Masochism이라는 겁니다. 자학음란증. 가만있는 거예요. 가만있으면 좋다는 겁니다. 여러분들, 알콜이나 마약해서 야단인 사람들 전부다 매소키즘적인 성향이 있습니다. 여기서 안 벗어나려고 하는 거예요. 안 벗어나선 안 되잖아요. 자궁에 들어앉아서 안 나오면 엄마도 애기도 다 죽잖아요. 그런 상황이에요. 벗어나줘야 된다 그런 뜻입니다.

3. 한글 속의 '혼'문화

우리가 낱말을 좀 보자고 했잖습니까. 한글 속의 '혼'문화를 보자는 뜻입니다.

'있다(有)' 속에는 '잇다(連)'가 자리함

아까 이거 제가 설명을 했죠. 우리말에 참 재미있는 게 많아요. ᄒᆞᆫ문화를 압축한 말들이 전부 우리말에 다 있어요. 이렇게 연구한 분도 있어서 여러분에게 소개를 시켜드리고 싶은데, 쉽게 말하면 있다는 거예요. 있다는 것은 여러분 아시다시피 유물론과 유심론, 무신론과 유신론 또는 있다, 없다 이분법적으로 보잖아요. 그런데 우리말 속에 이것은 쌍시옷(ㅆ)이고 이건 홑시옷(ㅅ)입니다. 그런데 '잇다'라는 말이 '있다'라는 말속에 다 포함이 되어 있다는 겁니다.

'있다'라는 말 속에는 현재 유有의 의미도 있지만 전부 이어져있다는 연결의 개념이 있다는 겁니다. 이 연결의 개념이 뭐냐면 천지인, 하늘과 사람과 땅이 전부 연결되어 있다. '있다'의 의미는 있다, 없다가 아니라 모두가 다 연결되어 있다. 너하고 나하고 연결 되어 있고, 상하도 연결이 돼있고, 죽은 사람과 산 사람과도 연결이 다 돼있다는 그 얘기가 있다는 속에 포함이 되었다는 겁니다.

참(眞), 참(滿), 참(忍)

그 다음에 참(眞), 참(滿), 참(忍)이라는 말이 있는데, 여러분 여기도 참 진리가 있는 거죠. 여기 이 참은 진리라는 뜻이고, 다음 참은 가득 찼다는 뜻이고, 그 다음 참은 참는다는 뜻이에요. 그러면 이것을 어떻게 우리가 생각할 수 있느냐면 사람은 참아야 한다는 겁니다. 참아야만 뭐가 찬다는 거죠. 뭐가 차야 진리를 볼 수 있다는 겁니다. 똑같은 참참참인데 전부 연결돼 있단 말이에요. 참아라, 참아야만 차고, 차야만 진리를 본다는 겁니다.

이것을 조금 더 철학적으로 분석해보면 창조신을 부정하는 겁니다. 이 세상의 모든 진리가 이 자연 속에 다 있다는 뜻이에요. 이게 범신론이죠. 여러분 스피노자가 범신론을 주장하다가 어떻게 됐습니까. 스피노자를 교회 입구에 누우라고 했어요. 신자들이 전부 그를 밟고 지나갔습니다. 그 사람 옆에 1미터 이내에 접근하지 말라고 했어요. 이것은 스피노자가 그 당시 종교재판에 회부되어서 받은 판결내용입니다. 이분이 얘기한 게 범신론이거든요. 유일신이 아니고 이 세상에는 모두가 다 신이다. 그 속에 신의 신성이 다 들어있다고 했어요. 유일신을 부정한다 해서 이 사람한테 벌준 게 그겁니다. 이 사람을 눕혀놓고 전부 밟고 가라, 이 사람 1미터 내에는 접근

한글속의 '혼'문화

也檀君世紀檀君嘉勒二年 三郎乙普勒撰正音三十八字是謂加臨多其文曰

· ㅣ ― ㅏ ㅕ ㆍ ㅗ ㅑ ㅣ ㅐ ㆍㆍ ㅠ ㄨ ㅋ ㅌ ㅈ
ㅇ ㄱ ㅁ ㄴ ㅿ ㅈ ㅊ ㅎ ㅅ ㆁ ㅅ ㅆ
ㅁ ㄹ ㅂ ㅃ ㆆ ㅋ ㅊ ㅅ ㄱ ㅍ ㅍ ㅍ

1. 있다(有) 속에는 '잇다(連)'가 자리함.
2. 참(眞), 참(滿), 참(忍)
3. 사람(人), 사랑(愛), 살(肉)은 몽고어의 '살'이 어원임.

하지 마라, 말하지 마라! 스피노자 어떻게 했습니까? 안경알 닦으면서 평생을 혼자 살았습니다. 이 사람에게 범신론을 버려라, 버리면 하고 싶은 거 다 해주겠다고 했어요. 그러나 죽을 때까지 버리지 않았습니다. 내가 생각한 것이 맞다는 겁니다. 맞는데 어떻게 내가 버릴 수 있느냐. 이렇게 한 것이 스피노자입니다. 그러고 보면 스피노자가 가장 '흔'적인 생각을 한 철학자입니다.

사람(人), 사랑(愛), 살(肉)은 몽골어의 '살'이 어원임

그 다음에 사람, 사랑, 살, 이건 몽골어에 보면 '살'이 어원이라고 하거든요. 이거 재미있습니다. 사람은 사람을 사랑해야 합니다. 사랑해야 되는 거 맞죠? 사람을 사랑 안하면 그 사람은 끝난 인생입니다. 그 다음에 사랑을 하려면 어떻게 됩니까? 살이죠. 몸으로 감당하지 않으면 안 된다는 얘기에요. 우리말의 오묘한 진리가 이 속에 있단 말입니다.

얼과 알, 나와 너, 내것과 네것

그 다음에 얼과 알, 나와 너, 내 것과 네 것이다. 얼과 알. 알은 난형신화에서 보셨죠. 그게 우리 몸속에 와 있는 게 얼이라는 겁니다. 사람이 얼빠진 놈 그러죠. 그럼 이게 정신 나간 놈이라는 뜻이죠. 그리고 나와 너라는 건 말이죠. 나와 너, 이것도 모음 차이입니다. 나하고 너가 모음 하나가 다릅니다. 그런데 영어에는 'I'가 '나'고 'You'가 '너'죠. 그런데 어원이 전혀 다릅니다. 우리는 어원이 같잖아요.

그리고 내 것 네 것 발음이 잘 안 되죠, 솔직히. 경상도 사람은 더 군다나 안 됩니다. 내 것인지 니 것인지 잘 안 돼요. 이러니까 일본 사람들은 일본말로는 나와 네가 와따쿠시ゎたくし, 아나따ぁなた고 그렇죠? 너와 나, 전혀 어원이 다릅니다. 그러니까 내 것 네 것도 구별을 잘 못하고 너와 나도 헷갈리게 말을 한다해서 엽전이라는 말이 여기서 나옵니다. 나와 너도 구별 못하는 거, 내 것과 네 것도 구별 못하는 거. 그래서 합바지라는 말이 나왔습니다, 합바지. 여러분 합바지는 뫼비우스고리에서 만든 가장 합리적인 옷입니다. 편하잖아요. 양복은 사람을 구속하지만 합바지야말로 사람을 편하게 하는 옷이에요.

나와 남, 나와 우리, 웃음과 울음

나와 남, 나와 우리, 웃음과 울음. 이것도 같은 얘기입니다. 나와 남은 이 밑에 'ㅁ'이 들었죠. '나'에다 네모로 가둔 것이 남이라는 겁니다. 그러면 너하고 나하고 관계가 끝나죠. 남이다. 나와 우리. 여러분 재미있는 얘기 중에, 흔히 우리 마누라라고 하죠? 이렇게 하면 미국 사람들 못 알아듣습니다. 남편이 여러 명 되는 줄 알잖아요. 우리 마누라, 우리 회사 그러죠. 그러나 우리들이 내 회사라하면 오히려 이상하죠. 우리 집사람 이러지 내 집사람 이런 소리 안하잖아요. 그만큼 흔이라는 건 서로 연결되어 있다는 겁니다.

울음과 웃음이라는 것도 희극과 비극이죠. 어떻게 보면 이건 즐

겁고 이거는 슬픈 거 아닙니까? 즐겁고 슬픈 것도 이 밑에 있는 'ㅅ'
과 'ㄹ'의 차입니다. 같은 어간으로 시작한다는 말입니다. 이게 우리
언어입니다. 언어 속에 들어있는 ㅎ문화의 원형질이란 말입니다.

시간개념도 점點이 아니라 연속된 장場

다음 봅시다. 시간 개념도 점이 아니라 연속된 장입니다. 예를 들
어서 미국 사람한테 "어디 가려면 어떻게 해야 하느냐"? 하면 1.5킬
로미터 이런 식으로 소수점까지 다 해서 이리 가라, 저리 가라 이렇
게 얘기를 하죠. 우리나라 사람한테 아무데 가려고 물으면 한 오리
쯤 가라 이러죠. 한 오리쯤. 한 오리쯤, 이 말은 정말 가도가도 끝이
없고, 또 물어도 또 한 오리쯤 그러죠. 이렇게 연속된 장입니다.

한글속의 '훈'문화

也檀君世紀檀君嘉勒二年 三郞乙普勒撰正音三十八字是謂加臨多其文曰

ㆍ ㅣ ㅡ ㅏ ㅑ ㅜ ㅗ ㅓ ㅕ ㅛ ㅠ ✕ ㅋ
ㅇ ㄴ ㅁ ㄴ △ ㅈ ㅊ ᅀ ᅀ ㅎ ∧ ㅆ
ㅂ ㄹ ㅂ ㅃ ㅉ ㄷ ㅋ ㅊ ᄉ ㄱ ㅍ ㅍ

> 4. 얼과 알, 나와 너, 내것과 네것
> 5. 나와 남, 나와 우리, 울음과 웃음
> 6. 시간개념도 點이 아니라 연속된 場

미국 사람들, 서구 사람들은 사람이 죽으면 패스바이passby라고 합니다. 스쳐 지나가버렸다. 패스바이. 죽음을 그렇게 표현합니다. 우리나라 사람들은 스쳐 지나가버렸다 이러면 뺨 맞을 겁니다. 그렇죠? 돌아가셨다. 어디로? 어딘지는 모르지만 돌아가셨다. 연속된 장으로 봤다. 이게 우리말의 특징입니다.

예를 들어서 우리말 중에서 나쁜 놈이란 말이 있죠? "저놈은 아주 나쁜 놈이다." 그렇게 얘기를 하는데. 나쁜 놈이라고 했을 때는 나뿐인 사람입니다. 나뿐인 사람을 나쁜 놈이라고 합니다. 오늘이란 말이 있죠. 온+누리예요. 온은 시간을 말합니다, 전체 시간. 누리는 공간을 말해요. 우와 주가 함께 포함된 용어가 바로 오늘입니다. 우리말의 이런 내용들이 생각해보면 굉장히 좋은 의미이고 바로 '훈'적인 발상으로 언어가 형성되었다는 사실을 발견하게 됩니다.

지난 7월이죠? 인도네시아의 투톤슨이라던가, 찌아찌아족에 우리 한글이 수출이 됐습니다. 그 부족이 한 60만 명이 된다고 합니다. 그 부족은 말은 있는데 글이 없는 겁니다. 그래서 자기들의 말을 우리 한글로 전부 표현하고 그렇게 쓰는 거예요. 그러니까 굉장히 환영을 받는가봐요. 왜 우리말을 선택했는지 몇 가지 이유가 있는데, 첫째, 한류가 너무 좋아서, 두 번째는 한국에 가서 IT기업에 나도 일하고 싶어서랍니다. 한국말을 배우면 그게 바로 되잖습니까. 그게 좋아서 선택을 했다는 얘깁니다.

이 지구상에 6천개의 언어가 있답니다. 그 중에서 인류의 반이상이 10개어를 쓴다고 하고요. 그 다음에 가장 많은 소리를 낼 수 있는 것이 우리 한글입니다. 예를 들어서 중국 사람들이 인터넷에 입력을 하잖아요. 입력을 해보면 중국어를 입력하는 것보다 한글로 입력하는 것이 일곱배나 빠르다. 그거 맞잖습니까? 우리야 딱딱 맞추면 다라락 나오잖습니까. 영어보다 우리가 훨씬 빠릅니다. 그래서 21세기에는 가갸거겨 나라가 뜬다는 얘기가 나오는 겁니다. 별말 아니거든요. 정말로 맞는 얘기라고 볼 수 있습니다.

4. 생활 속의 '훈'문화

그 다음에 생활 속의 훈문화를 한 번 봅시다.

이理를 중시함

우리 문화에서는 이理를 중시하고 있습니다. 이理라는 말은 얼핏 보면 이게 유학의 이기론이 있죠. 그때 쓰는 용어입니다. 이理라는 것은 적합성, 타당성, 합당성을 모두 포함한 합리성보다 훨씬 더 심오한 그런 개념인데요.

이理라는 말은 여러분 아버지대, 할아버지대에 가장 많이 썼던 말일 것입니다. 손자한테, "얘야 순리대로 해라." 순리대로 하라고 하잖아요. 이理라는 말을 한문으로 풀이하면 나무의 결입니다. 여러분들 나무를 도끼로 꽝 쪼갤 때 결을 따라가면 바로 쪼개지잖아요. 결대로 하지 않으면 암만해도 안 갈라지잖아요. 그러니까 순리대로 해라, 결따라 해라~.

그러니까 무리하지 말라는 뜻입니다 이게. 하늘 무서운 줄 알아라, 우리는 법 없어도 살 사람이다. 하늘 무서운 줄 알아라, 양심적으로 살아라. 정 안 되면 궁리해봐라. 이치를 한번 생각해보라는 겁니다. 이치를 생각해보면 거기 답이 있다는 겁니다. 이렇기 때문에 우리민족의 역사 속에는 독특한 일들이 있습니다. 예를들면 화백회의에서, 여러분 만장일치라는 게 있죠? 만장일치가 가능한 이유가 이理를 생각하면 만장일치가 되는 겁니다. 왜 안 되는 겁니까? 욕심이 앞서거나 이기주의가 앞서거나 이럴 때 안 되는 거예요. 나라일은 제껴놓고 자기의 이익만 추구하면 이거 안 되는 거잖습니까. 그래서 이理대로만 하면 화백회의 만장일치에도 아무 문제가 없는 겁니다.

그 다음에 강압과 폭력을 싫어했다. 여러분 서라벌 밝은 달에 밤들이 노니다가 방에 와보니 가랑이가 네 개였다. 이런 노래 있죠. 처용가 말입니다. 미국 사람 같으면 어떻습니까? 당장 권총 뺏겠죠. 권총 빼서 죽여도 할말 없습니다. 그런데 처용은 어쨌습니까? 춤 췄잖아요? 노래했잖아요? 그러니까 악귀가 승복을 했죠. 그리고 진심으로 처용을 따르게 됩니다. 이게 우리 순리문화에요. 그거 총으로 쏠 수도 있습니다. 그러나 총으로 쏘는 문화가 우리 문화가 아니라는 얘깁니다.

이렇게 해서 만인을 공감대로 끌어들일 수 있는 그런 에너지가 바로 이 흔生活 속에 있었다는 겁니다.

풍류風流적 삶

다음은 풍류적인 삶을 보겠습니다. 유불선이 하나로 합해진 풍류 도라는 것이 있습니다. 아마 여러분들 공부하신 분은 알겠지만 난랑비 서문에서 최치원 선생님이 그런 말씀을 처음 하셨죠. 유교, 불교, 도교가 들어오기 전에 우리나라에는 이미 이게 있었다는 겁니다. 자유분방하고 이런 풍류가 있었어요.

호가 백호인 이호라는 사람이 평양감사 부임길에 옆에 보니 황진이 무덤이 있었습니다. 말에서 내려서 저 황진이 무덤을 그냥 갈 수 있느냐 술이나 한잔 올리고 가자 하고, 그때 읊은 시가 "청초 우거진 곳에 자난다 누웠난다. 홍안은 어디다 두고 백골만 묻혔나니~." 이게 그만 임금한테 들어가서 공직자가 평양감사 부임길에 기생 무

생활 속의 '훈'문화

① 理를 중시

✓ 적합성, 타당성, 합당성을 모두 포함한 개념(합리성보다 고차원)
✓ '順理대로 하라' '하늘 무서운 줄 알아라' '窮理해봐라'
✓ 강압과 폭력을 싫어함(처용의 노래와 춤)

② 風流적 삶

✓ 유불선 포함, 자유분방, 얽매이지 않음

③ 천부경에 本本心(하늘이 준 그대로의 마음, 양심)

덤에 술잔 쳐놓고 야단했으니 파직됐잖아요. 이런 게 풍류이고 이렇게 자유분방한 것이 우리 민족의 타고난 그런 에너지다. 또는 흔적인 민족 원형질이라 생각합니다.

천부경의 본본심本本心(하늘이 준 그대로의 마음, 양심)

그다음은 천부경의 본본심이 있는데, 여기 보면 일시무시일一始無始一 석삼극무진본析三極無盡本 천일일天一一 지일이地一二 인일삼人一三~ 이렇게 쭉 나가죠.

결론이 여기 있습니다. 본본심本本心 본태양本太陽 앙명인중천지일昻明人中天地一 일종무종일一終無終一 이렇게 끝이 나죠. 하나는 시작하지만 하나는 끝이 없다는 얘기예요. 자, 이 본본심 본태양. 본래 내

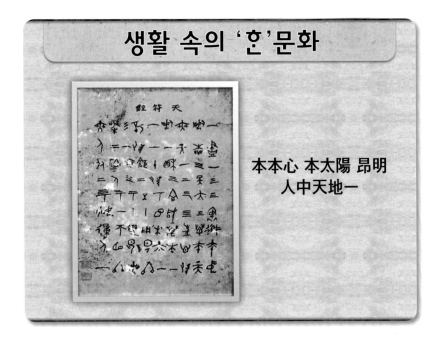

생활 속의 '흔'문화

本本心 本太陽 昻明
人中天地一

마음이 있다는 얘깁니다. 사람은 본래 다 마음을 갖고 태어났잖아요. 이것은 바로 태양과 같다는 겁니다. 그 다음에 앙명昻明이라고 했죠. 높은 데서 내려다 어떤 조건을 주지않고 고루고루 비추게 되면 하늘과 땅과 내가 하나가 된다 이거지요. 천지인 합일이라는 이야기를 하고 있습니다. 이것이 혼을 표방한 천부경의 결론입니다.

신지神誌가 전문篆文으로 쓴 것을 최치원이 묘향산 돌벽에다 한문으로 풀이했는데 81자라고 하잖아요. 이 경우가 여기에 생활 속에 나오는 겁니다.

반드시 합치는 에너지

그 다음 반드시 우리는 합치는 에너지가 있습니다. 여러분들은 일본인들은 갈라지면 남이 됩니다. 이 사람들 다多문화입니다. 쇼군, 장군 밑에 들어가면 끝이 나는 거예요. 그런데 갈라지면 남입니다. 그런데 서구인도 법이 무너지면 끝입니다. 왜냐면 이 사람들 계약사회거든요. 법이 없어졌다 하면 무법천지입니다. 내가 자유로울 수 있다 이렇게 생각합니다.

우리는 법이 없어도 하늘 무서운 줄 알지만 서양사회는 계약사회예요. 법으로 딱딱 정해놓은 거, 그 외에는 자유라는 생각을 갖고 있습니다. 여러분들, 서구에서 법이 무너졌을 때 보면 마켓 들어가서 물건 들고 도망가고 야단이잖아요. 그 사람들, 나는 자유다, 이것은 법에 저촉이 안 된다, 왜? 법이 안 통하는 곳이니까! 마음대로 할 수 있다고 생각합니다. 그러나 우리는 그렇지 않잖아요. 이런 게 우리하고 근본적으로 다른 점입니다.

다음 시간에 2강에서 제가 설명을 하겠습니다만 일본인들이 우리 정체성을 철저히 말살했습니다. 그래도 3.1운동이 일어났고 동학혁명이 일어났고 다 일어났잖아요. 아무리 흩어놔도 다시 모입니다. 누군가 지도자가 그렇게 모이도록만 해주면 폭발적인 그런 힘을 발휘합니다. 남과 내가 하나가 되면 신명이 나는 거예요. 이게 우리 민족입니다. 자타가 하나가 되면 신명이 나는 거고, 상하가 하나가 되면 폭발적인 힘이 일어납니다.

옛날 난장이라는 말도 많이 쓰는데요. 난장이 뭐냐면 강가에 말뚝을 치고 그 속에 들어가면 전부 자유입니다. 딱 살인과 절도 이외에는 벌하지 않습니다. 그 외에는 모두가 자유입니다. 그러면 거기 가서 뭐하느냐. 쉽게 말하면 집단 스트레스를 풀라는 겁니다. 양반 욕을 해도 좋고, 죽일 놈 살릴 놈해도 그때는 치외법권이 주어져요. 그러면 그때 임금은 뭐하느냐. 일주일 동안 산에 올라가서 그냥 물만 마시면서 제가 잘못 했습니다 하고, 석고대죄 하고. 하나님에게 속죄를 하고 있었습니다.

석고대죄하는 왕이 있는데 민초들은 난장에 모여서 그렇게 활발하게 스트레스를 푼다. 그러면서 민초들이 생각하는 게 뭡니까? 역시 뭐겠어요? 우리 임금님이 나라의 평안을 위해 저렇게 고생하고 있다. 그러니까 상하가 하나가 되는 거예요. 그래서 한恨이 풀리는 겁니다. 그러면 우리도 임금을 위해서 뭘 해야 되겠느냐, 이걸 생각하게 되는 겁니다. 이런 상하일치가 폭발적인 힘으로 나타나게 되는 겁니다.

다음 시간에 조금 더 구체적으로 설명 드리겠습니다.

어디에도 매이지 않는 '어떤' 삶(풍만한 인간성)

여러분 우리나라 오페라가 마당놀이잖아요. 쭉 둘러앉아서 보면서. 여기 보면 배우와 관람객이 따로 있는 게 아닙니다. 한참 연기하다가도 관객과 함께 얘기하고 춤추고 그러잖아요. 전혀 경계가 없어요. 그러니 재미있는 얘기는 하나 더 넘겨보세요.

격식과 형식을 싫어함

우리민족은 격식과 형식을 싫어하죠. 한국 사람들은 멍석 깔아놓으면 하는 짓도 안 한다 그럽니다. 격식과 형식이 싫다는 겁니다. 그렇게 자유분방한 민족이 우리 민족입니다. 이걸 알아야 하는 거예요. 여기에 맞춰서 정치하는 사람이든 지도하는 사람이든 여기에 맞춰주면 끝이 나는 겁니다.

또 다른 예를 하나 들까요. CNN에서, 돌아가신 정주영 회장께서 현대조선소 직원들 다 모아놓고 두만강 노래를 불렀어요. 그 다음에 그분 원래 씨름을 좋아하잖아요. 둘러앉아서 노동자하고 같이 씨름을 하니 CNN에서 희한한 풍경으로 소개했습니다. 화이트칼라, 블루칼라. 블루칼라는 근로자 아닙니까? 화이트칼라는 경영진이잖아요. 화이트칼라와 블루칼라는 절대적으로 다릅니다. 정회장처럼 같이 씨름하는 일은 없습니다. 이것은요 우리가 이해할 수 없을만큼 선이 그어져 있습니다. 이게 문제가 된 게 요즘의 선진국 글로벌 기업들이 이래서는 안 되겠다 해서 동양 것을 본따자 해서 들어온 게 캔두can do라든지, 계급장 떼고 너희들끼리 한번 해봐라. 그래서 승부하거든요. 맞다, 동양의 지혜 이게 맞다. 구별을 너무 뒀기 때문에 너는 너고 나는 나다. 이런 사고가 안통한다. 그러니까 CNN에서 정주영 회장이 근로자와 씨름한 내용이 이 사람들한테는 빅뉴스가 될 만큼 대단한 사건이지만 우린 아무 것도 아니잖아요.

근데 그게 빅뉴스가 될 수 있었던 것은 이런 걸 싫어했기 때문입니다. 지금 생각해보면 아마 그분이 사실 공부를 많이 하신 분도 아니고 또 그렇다고 태어날 때부터 그분이 부자도 아니잖습니까. 처

생활 속의 '흔'문화

④ 반드시 합치는 에너지
- ✓ 일본인 : 갈라지면 남이다
- ✓ 서구인 : 법이 무너지면 아수라장
- ✓ 한국인 : 풍비박산이 난 땅에 3·1운동, 동학난

⑤ 어디에도 매이지 않는 '어떤' 삶(풍만한 인간성)
- ✓ 자유분방, 풍만한 인간성
- ✓ 마당놀이 : 무대와 관객이 하나

⑥ 격식과 형식을 싫어함

⑦ 한국의 3대 음식(비빔밥, 곰탕, 김치)

⑧ 윷놀이에 숨은 의미

음부터 다 이루었던 분인데. 요즘 와서 다중이론이라는 것이 있어요. 지능이 아이큐만이 아니라는 겁니다.

미국 심리학자가 연구한 건데요. 아이큐가 높은 경우 머리 좋은 사람이 성공할 확률이 20%밖에 안 된다는 통계가 나와 있습니다. 8가지 지능이 있는데 그 지능 중에 하나가 인간관계를 잘하는 것도 지능이다. 음악 잘하는 것도 지능이고 체육 잘하는 것도 지능이라는 겁니다. 공간 지각 감각이 좋은 것도 지능이라는 겁니다. 그 다음에 감성, EQ라는 게 있죠. 이게 아주 능한 것도 지능이라는 겁니다. 그렇게 보는 다중지능이론으로 바뀌었다. 그런 이론에서 본다면 이런 격식과 형식 문제하고는 상당히 거리가 있죠.

한국의 3대 음식(비빔밥, 곰탕, 김치)

그 다음 봅시다. 한국의 3대 음식이, 여러분 잘 아시지만 이게 비빔밥, 곰탕, 김치입니다. 이 세 가지가 전부 뭐죠? 복합적으로 나오는 메뉴 음식에는 오미五味가 있고 만드는 과정도 전부 절이고 뜸들이는 것입니다.

윷놀이에 숨은 의미

그 다음 봅시다. 윷놀이, 여러분이 도개걸윷하는 이 문제가요. 이게 짐승의 습성을 비유해서 옳은 사람이 되기 위해서 이걸 가르친 건데 지금은 형식만 남아있어요. 뜻을 모르고 있다는 거지요.

도라는 건 돼지라는 겁니다. 돼지는 자기만 알죠. 그러니까 이건 점 하나밖에 못 간다는 겁니다. 개는 뭡니까? 강자한테는 비굴하고 약자한테는 못되게 굴죠. 이게 두 개밖에 못가는 이유입니다. 그 다음에 걸은 염소 뿔을 상징합니다. 이게 지식인들의 아집과 붕당 의식입니다. 이걸 벗어나야만 된다는 거죠. 그러니까 이 세 가지를 극복해야 아리랑 고개를 넘어간다고 그렇게 설명했습니다. 아리랑 고개를 넘어가는 게 윷입니다. 이건 소에요. 소 우牛 자 머리 두頭 자 우두머리라는 말이 나온 게 '아, 나는 이제 아리랑 고개를 넘었다.'라는 뜻입니다. 모는 말입니다. 모는 말인 대신 성현의 말이 된다고 그렇게 얘기합니다.

생활 속의 '혼'문화

5. '혼'은 단군정신이다

천지인 합일

그 다음은 천지인 합일에 대해 말씀드리겠습니다. 고구려 신화나 단군신화는 같은 맥락이 있습니다. 단군신화 보세요. 하늘에서 환인이 내려오고 땅에서 웅녀가, 곰이 아닙니다. 아시죠? 곰을 토템으로 생각했던 부족의 딸이라는 뜻이에요. 그래서 하늘과 땅과 합쳐서 단군이 태어나게 돼 있죠. 고구려도 보면요. 주몽의 아버지가 하늘의 아들로 돼 있고, 그 다음에 유화는 강의 신 하백의 딸로 돼 있습니다. 강의 신은 땅이잖아요. 하늘과 땅에서 주몽이 태어나게 돼요. 그러니까 하늘과 땅과 사람이 하나라는 그런 뜻입니다.

이런 단군정신은 생명적인 자연관이다. 그러니까 사람의 주위에 있는 모든 삼라만상들이 사람과 하나라는 뜻입니다.

이런 이상적인 세계관이 홍익인간입니다. 홍익인간은 사람을 이롭게 한다는 뜻인데. 나 이외의 식물, 동물 모두다 내 몸처럼 사랑하라는 뜻이에요. 범애적 우주관. 그러니까 이 세상의 모든 것, 식물이든 동물이든 내 주위에 있는 사람이든 모두가 다 내 몸처럼 사랑하다 보면 사실상 환경문제가 안 나오죠. 환경문제가 나올 리가 없습니다. 환경파괴를 안 하니까.

그 다음에 중요한 것은 재세이화라는 정치관입니다. 이게 한마디로 말하면 정치를 순리대로 하라는 뜻입니다. 순리대로 하면 절대로 여기에 문제가 될 것이 없다. 그런 얘기에요. 이치, 그러니까 이

'혼'은 단군 정신이다

단군
정신

생명적 자연관

이상적 세계관 : 홍익인간

汎愛的 우주관

정치관 : 재세이화

理대로 정치를 하라는 뜻이 내포되어 있습니다. 천하를 사람의 양심대로, 본심대로 해라 그겁니다. 그러면 걸릴 게 하나도 없으니 이것이 재세이화의 본래 의미입니다.

또 단군왕검 시절에는 일백日伯인 풍백風伯과 이사二師인 우사雨師, 운사雲師로 하여금 일상사를 관장하게 했고, 군신간에 평등했습니다. 임금이라고 해서 목에 힘주는 거 없었다는 얘기였고. 그 다음에 이理의 정치라는 것은 화백정치처럼 만장일치로 그렇게 했다. 어떻게 보면 재세이화라는 것이 그리스 민주정치보다 훨씬 앞선 민주정치 원형입니다. 이거보다 더 민주정치가 어딨습니까. 임금과 신하가 평등하죠. 모든 것을 순리대로, 이치대로, 양심대로, 본심대로 처리하라고 하는데, 이게 민주주의 아니고 뭐 다른 게 없잖습니까? 국민의 뜻대로 하는. 그러니까 이 재세이화야말로 민주주의의 원형이다 이렇게 얘기를 할 수가 있습니다.

단군정신은 삼부인에서도 극명하게 나타납니다. 환인이 환웅에게 이 세 가지를 주면서 나라 정치에 귀감을 삼으라고 합니다. 첫째, 백성을 다스리는데 참고할 것이 거울이죠. 내제적인, 내향적인 자기 성향입니다. 나를 관찰하라는 애깁니다. "이 세상에서 제일 어려운 질문이 뭡니까?" 하고 물으면, 여러분 뭡니까? '나는 누구인가?'입니다. 맞죠? 나는 홍길동이다, 그러면 내가 됩니까? 나는 제갈태일이다, 그러면 내가 나를 다 안 것입니까? 아니죠? 이게 제일 어려운 질문입니다.

하버드 스타일

하버드, 세계에서 최고 대학이죠. 하버드 스타일에는 3가지가 있습니다. 제일 첫째가 나는 누구냐를 알라는 겁니다, 얼마나 멋있습니까? 나는 누구냐를 알라는 것은 내 소질이 뭔지, 탈렌트가 뭔지 알라는 거예요. 그 다음에 내 직업이 뭔지, 뭘 하면 내가 정말로 잘할 수 있는지 생각하라는 겁니다. 마지막이 뭡니까? 내가 누군지 알고 내가 어떤 직업을 택하면 좋을 것인지 알았다면 그 다음에 올인, 내 전력을 투구하라. 이게 하버드 스타일입니다. 그렇기 때문에 그네들이 최고의 대학이 된 거 아닙니까? 우리나라 서울대학처럼 간판이 주는 그런 메리트merit가 없습니다.

자기가 일생동안 재밌게 할 수 있고, 또 그 일이 의미가 있어야한다는 겁니다. 내 직업이 재미도 있어야 하고, 그 다음에 의미도 있어야 합니다. 재미만 있으면 안 되잖아요? 의미만 있어도 안 되는거거든요. 재미만 있고 의미가 없는 일이라면 오래 못합니다. 재미와 의미를 함께 찾는 게 하버드 대학의 특색인데, 이게 원래 우리 거라는 얘깁니다.

삼부인

그 다음, 사회정의 구현이죠. 이 사회정의 구현이라는 게 뭡니까? 이거 안 되면 안 되죠? 예를 들면 우리나라 친일파 응징 못했잖아요. 그러면 누가 독립운동 하려고 합니까? 독립운동가 자손들은 전부 다 달동네에 살고 친일파 자식들은 잘 산다면 이건 아니잖아요?

사회정의구현이 안 된다는 겁니다. 이건 분명히 해야 한다. 분명히 하라고 단군이 하사한 것이 칼입니다. 그래야 부정부패를 도려낼 수 있을 겁니다. 이런 걸 해야 하나가 된다는 뜻입니다.

다음에 방울, 이것도 굉장히 중요한 개념입니다. 이게 뭐냐면, 방울이라는 건 신명이거든요. 신바람이 나야 된다는 겁니다. 신바람이 나는 것은 엑스타시Ecstasy하는 거예요. 망아지경忘我之境이 되는 거거든요. 망아지경이 되는 것은 어떤 의미냐? 창조가 가능하다는 겁니다. 여러분 세계 음악가 중에서 최고로 천재가 누구냐하면 모차르트에요. 모차르트는, 좌뇌 우뇌 중에서 좌뇌는 계산능력 이런 거잖아요? 논리성인데, 우뇌는 머릿속으로 그림이 그려지는 거예요. 모차르트는 누워있으면 악보가 천장에 그려졌다고 합니다.

'혼'은 단군 정신이다

삼부인

거울	칼	방울
내향적 자기성찰	사회정의구현	신명, 창조성

자기는 그거 보고 베끼면 된다는 거예요. 천재예요. 신명이라는 거, 우리 민족만큼 신명 있는 나라 없죠. 나는 그렇게 생각합니다. 우리만큼 신명 있는 나라가 없어요. 바로 그 신명 때문에 우리가 30년 40년 만에 세계 경제 10위국에 들어갔잖습니까. 그러니까 이거야말로 창조성입니다.

오천 년 전의 단군 할아버지 때의 얘기지만 이 세 가지만 잘하면 어린 백성들도 정말 잘 살 수 있는 세계일등국이 될 수 있지 않겠느냐고요. 여러분이 저와 같은 뜻이라면 박수를 치고 오늘 1강을 마치겠습니다. 감사합니다.

제二강 단군정신이 말살되었다

제2강
단군정신이 말살되었다

여러분, 만나서 반갑습니다. 1강에서는 한의 낱말에 대해 여러 가지로 접근해보는 시간을 가졌습니다. 제2강에서는 한문화를 만들게 된 근거, 아마도 고대사가 될 것 같은데, 그 부분에 대해서 이번 시간에도 강의를 하겠습니다.

일본이라는 나라가 우리하고는 가깝고도 먼 나라인 것 같아요. 우리 대학생하고 일본 대학생 둘이서 배낭여행을 유럽에서 했는가 봐요. 둘이서 같이 가다보니까 같은 동양사람이고 하니까 가까워질 거 아닙니까. 우리 학생은 여대생이고 일본 대학생은 남학생이었나 봅니다. 둘이서 이탈리아 베네치아인가를 돌다가 며칠 동안 같이 다니니까 어느 정도 친밀성도 있고 하니 일본 대학생이 우리 여대생에게 물었습니다. 한국 사람은 왜 일본인을 싫어하느냐고. 그렇게 물으니 이 여대생이 그 얘기를 어떻게 다 설명을 하겠습니까. 꼭 알고 싶으냐?

꼭 알고 싶다. 그럼 써봐라. 썼어요. 서서 뺨을 한 대 때렸습니다. 이제 알겠느냐고. 그러니 일본 대학생 입장에서 볼 때는 왜 싫으냐고 물으니 뺨을 맞고, 또 알겠냐 하니까 알겠어요? 잘 모르겠다고 했고, 다시 또 이쪽 뺨을 또 때렸어요. 그래도 모르겠냐고. 그러니 이 대학생이 알만하다고. 이건 실화랍니다. 인터넷에 뜬 얘기를 나도 보면서 웃었어요. 그 여대생이 진짜 참 지혜로운 여대생이지요. 일본인들이 36년간 우리나라에 온갖 만행을 다 저질렀는데, 그걸 어떻게 설명합니까?

그리고 또 일본의 역사교과서에서 그런 얘기가 하나도 없습니다. 심지어는 자기 역사도 왜곡하고 있다고요. 그들이 우리나라에 와서 36년 동안 어떤 만행을 했는지를 얘들은 모릅니다. 오히려 조선을 침략한 것이 아니고 조선을 교화하고 조선을 잘 살게 해줬다는 식으로 그렇게 교과서에 나와 있으니 이 대학생이 알 까닭이 없죠. 오늘 이 2강에서는 이런 문제를 좀 다뤘으면 합니다.

우선 한에 대한 얘기를 먼저 말씀을 드리고 그 다음에 이 문제를 다뤄 보겠습니다.

1. '혼'은 민족원형질이다

집단무의식

2강에서 '한은 민족원형질이다'라는 얘기를 좀 해야겠는데, 원형질이라는 것은 타고난 하나의 생리적인 본성입니다. 그런데 이것은 거의 바뀌지 않습니다. 그래서 칼 융이라는 사람이 분석심리학에서 이걸 집단무의식이라는 표현을 했습니다. 집단무의식이라는 것은 어떤 집단이 시공을 초월해서 나타나는 일반적인 인간성, 이렇게 정의하거든요. 어떤 집단이 시공을 초월해서 나타나는 보편적 인간성이 집단무의식으로 나타난다고 칼 융이 분석을 했습니다. 집단무의식이란 말을 처음 한 사람은 프로이드가 했지만. 그리고 이걸 체계화시킨 사람은 칼 융입니다.

집단무의식에 대한 사례들은 많이 있습니다. 구체적으로 김용운 교수라는 분이 『원형의 유혹』이라는 책에서 예를 들은 얘기들을 소개하겠습니다.

인디언과 우크라이나인이 캐나다로 이민을 갔어요. 인디언들은 같이 일을 하다가도 짐승 발자국이 보이면 그만 자기 하던 일 다 버리고 그 짐승 발자국을 계속 따라간답니다. 그것도 이틀이고 3일이고 일주일이고 계속 따라간대요. 이건 뭐겠습니까? 민족원형질에서 나온 거죠. 그 사람들은 수렵본능이라는 유전인자에 의해서 가는 거예요.

그리고 캐나다에 정착한 우크라이나인은 아주 적절한 농토를 잘 보고, 우크라이나 고향과 가장 비슷한 땅을 개간해서 농사를 잘 짓는대요. 그런 차이가 있답니다. 수렵을 했던 집단무의식과 농사를 짓던 집단무의식이 충돌하는 그런 상태죠.

대평원이 있다고 가정할 때 인디언들은 어떻게 풀었냐면 '짐승들이 노니는 그야말로 천연의 혜택을 받은 아주 아름다운 땅이다' 이렇게 보는데 비해서 우크라이나인은 대평원을 어떻게 보느냐면 '그야말로 기름진 옥토'로 보고 있는 거죠.

그러면 거꾸로 뒤집어서 생각해보면 우크라이나인이 인디언을 볼 때는 진짜 게으른 사람들이죠. 뭘 하다가 그만 어디 가서 행방불명이 되는 사람들이니까 참 못 믿을 사람들이다. 이렇게 평가하겠죠. 인디언이 우크라이나인을 보면 어떻게 평가하겠어요? 천지 몹쓸 사람들이다. 왜 산림을 파괴하느냐. 개간하려 하면 나무를 베어야 하잖아요? 짐승들이 노는 대평원을 왜 저렇게 파괴하느냐. 이게 시각차라는 겁니다. 인디언이 우크라이나인을 보는 견해와 우크라이나인이 인디언을 보는 게 서로 다른 겁니다. 그 차이는 집단무

'혼'은 민족원형질이다

- 🌸 '혼'은 민족원형질(National identity)
  집단무의식集團無意識

인디언과 우크라이나인의 패러다임의 본능적 차이
대평원을 보는 시각차
魏志東夷傳(倭人전과 韓人전의 차이)
외국학자들은 '혼'이즘(HANism)
天地人合一, 神人合一, 自他一如, 生死一如, 上下一如

의식에서 비롯된 것이죠.

『삼국지』「위지동이전」에 이런 말이 있습니다. 중국의 역사책인데요, 「왜인전」「한인전」에 어떻게 표현해놨냐면, 「왜인전」에서는 앞에 깃대를 들면 뒤에 따라가는 게 일본 사람들이다. 지금도 해외여행 가보면 그렇죠. 깃발 들면 딱 따라가잖습니까? 조선인들은 깃발 드는 사람도 없고, 앞에 가자 하는 사람도 없고, 전부 중구난방으로 그렇게 간다. 그렇게 가는데도 보기가 괜찮다. 이런 얘기가 적혀있습니다. 한인과 왜인의 차이입니다.

그래서 외국학자들은 그런 학설을 'HANism'이라고 그래요, 한이즘. 독특한 고유명사니까 HAN이라고 쓰는데, 누구를 비난해서 이런 얘기하는 건 아닙니다만, 지금 강단에 서 있는 우리나라 철학을 연구하시는 교수님들이 이런 사실을 잘 모르십니다. 개인적인 얘기를 하면, 한사상으로 학위논문을 받기 위해서 「한이즘」이라고 되어있는 영어논문을 수십 편을 보여드려야만 '아, 그게 한사상이구나.' 이렇게 얘기하는 게 지금의 현실입니다. 그만큼 우리가 이 부분에 대해서 자기의 주체성이 멸실돼 있는 상태라고 볼 수 있겠죠.

정화수井華水 문화

1강을 할 때 잠시 하늘과 땅과 사람이 하나라고 했죠? 정화수井華水 문화를 설명할 때 그랬고. 신인합일神人合一이라는 것은, 작두 위에 무당이 춤추는 거 보신 분 있을 겁니다. 이때는 신과 사람이 하나가 된 상태였어요. 그런 상태로 보면 되겠고. 자타여일自他如一이라는 건 남과 내가 하나가 되는 겁니다. 남과 내가 하나가 되면 아주 신명이 나는 건데요.

자타일여 중에서 가장 좋은 예를 들라고 하면, 여러분 경주 최부자 얘기를 들어보셨을 겁니다. 12대 만석꾼이고 진사 이상 벼슬은 안 하죠. 며느리가 시집 오면 3년 동안 무명옷을 입게 합니다. 그 다음에 100리 안에 굶는 사람이 없게 합니다. 손님한테 대접을 아주 잘해줍니다. 실제 그곳에 가보면 사랑채에 독특한 뒤주가 있는데, 쌀 넣는 구멍이 이만하게 뚫려 있어요. 겨우 두 손이 들어가면 맞는 구멍입니다. 손님이면 누구든지 여기에 손을 넣어서 쌀을 가져갈 수 있도록 배려한 것입니다. 다음 목적지까지 갈 때 노자로 사용하라는 겁니다.

'혼'은 민족원형질이다

시오니즘	神道이즘	인디언 문화말살	사마천의 궁형
펄벅의 감탄	오~필승 코리아	새마을 운동	POSCO 신화

그 다음에 과메기라는 게 있어요, 청어 그거 하나 하고. 그 다음에 본인이 뒤주 구멍에 손을 넣으면 담기는 쌀이 있잖아요. 그걸 쥐어서 보냅니다. 이렇게 남을 생각하고 배려하는 것이 사실 우리 문화였습니다.

심지어는 흉년 때는 절대로 남의 논을 사지 말라고 했습니다. 이게 그 사람들의 수칙이에요. 그러니까 이웃을 생각하라는 뜻입니다. 이웃 생각하지 않으면 결국 자기 설 땅이 없어진다는 이런 마음이 우리 민족의 원형질입니다. 그래서 자타일여라, 너와 내가 다르다고 생각을 안 했습니다.

그 다음에 생사일여生死一如라. 예를 들면 우리 할머니 할아버지 세대에 저승이 어딘지 아십니까? 뒷동산입니다. 양지바른 뒷동산, 그게 저승이에요. 저승이 뭐 대단하게 어디 멀리 떨어져 있는 곳이 아니고, 뒷동산에 앉아서 내가 너희들을 다 바라보느니라~. 이처럼 저승은 뒷동산이에요. 그러니까 어른이 돌아가셨지만 패스바이라고 안 한다 했잖아요. 돌아가셨지만, 내가 죽어서도 너희들 다 지켜보고 있다 이렇게 보는 거죠. 이게 생사일여입니다.

상하일여上下一如. 이건 폭발적인 힘이 나는 건데. 아랫사람하고 윗사람이 하나 된다는 겁니다. 이게 되면 감당을 못할 만큼 에너지가 솟아나는 거죠. 뒤에 제가 설명을 할 것입니다.

그 다음에 시오니즘Zionism이라는 거 여러분 잘 아시죠? 유대인들의 민족원형질인데 그 사람들 입장에서는 천년 동안 나라가 없었잖아요. 그래도 시오니즘을 절대로 안 버렸습니다.

이게 지금의 통곡의 벽입니다. 여기 와서 기도합니다, 우리 유대인들에게 보금자리를 달라고. 이게 통곡의 벽입니다. 이 사람들이 얼마나 피에 맺혔으면 이런 걸 만들었겠습니까. 한번 생각해보십시오. 그러면서 버리지 않았던 것이 민족원형질이었고 자기들이 말하는 내셔널 아이덴티티national identity라고 해서 민족의 정체성을 버리지 않았다고요.

이게 다윗의 별이라는 겁니다. 『성경』에 나오고, 이스라엘 국기에 있는 다윗의 별이라는 건데. 이것이 뭐냐면 유대인을 지켜주는 하나의 로고, 상징 이런 것입니다. 그래서 천년 동안 방황했지만 결국 이스라엘이라는 나라를 만들었잖습니까? 그래서 민족원형질을 버리지 않아서 성공한 예로 본다면 시오니즘을 꼽을 수 있습니다.

'혼'은 민족원형질이다

🌸 민족원형보존이 흥망성쇠의 관건

〈시오니즘〉
탈무드, 통곡의 벽, 다윗의 별, 천년 방황과 이스라엘 건국

신도이즘과 서낭당

그 다음 봅시다. 신도이즘shintoism이라는 게 있습니다. 도쿠가와 이에야스 막부에서 있었던 일이죠. 천주교가 들어오는 것을 막기 위해서, 여기 보면 그림이 있죠? 앞에 사람들이 앉아있고 행인을 통과시키는 그림입니다. 마리아가 예수를 안고 있는 그림을 양각으로 새긴 판(후미에)을 바닥에 놓고 사람을 통과시킨 거죠. 생각해보십시오. 내가 천주교를 믿으면 어떻게 이걸 밟고 지나가겠습니까? 내가 믿고 있는 신을 어떻게 밟겠습니까? 그러니까 피해갔습니다. 피해가는 사람을 모두 죽였습니다. 죽인 사람이 얼마냐면, 28만명을 죽였어요. 이게 후미에 사건입니다. 일본 역사에 있는 얘깁니다. 그래서 여러분, 일본 가보세요. 일본에 기독교 신자

‘혼’은 민족원형질이다

민족원형보존이 흥망성쇠의 관건

〈神道이즘〉
‘德川’막부의 천주교 박해 ‘후미에’사건, 28만 명 참살

가 0.06%입니다. 동경 하늘, 일본 땅에 십자가가 보입니까? 사방을 둘러봐도 안 보입니다.

여기 말하는 신도이즘이라는 게 뭔지 아십니까? 이게 우리 서낭당문화예요. 서낭당, 우리는 돌무지 해놓고 돌 하나 놓았지요. 일본과 다른 점은, 우리는 집을 지어놓고 그 앞에다 돌을 이렇게 얹었는데, 쟤네들은 신단에다 동전을 던집니다. 우리는 반듯하게 홍살문을 만들었는데, 쟤네들은 곡선으로 만들었어요.

그 다음에 우리는 고목에다가 새끼를 치고 헝겊 같은 것을 달아놨잖아요. 얘네들은 종이에다 소원을 적어서 꽂아놓습니다. 나무가 없는 데는 이만한 통을 만들어서 줄을 그어놓고 소원을 달아 놓았습니다. 그게 다르지요.

최초의 신사는 백제 신사, 고구려 신사입니다. 지금은 신사가 20만 개나 있다고 하거든요. 사실 신도이즘은 우리 겁니다. 자기들이 가져가서 희한한 이름을 붙인 거 뿐이에요. 그래도 이걸 지키기 위해서 28만 명을 죽였어요. 왜? 우리 것은 절대로 훼손해선 안 된다는 겁니다. 이게 일본입니다.

인디언 문화 말살

다음, 인디언 문화 말살이 있습니다. 여러분 이게 인류 역사에서 최대의 비극이라고 합니다. 콜럼버스가 아메리카 대륙을 발견할 때 6천만 명의 인디언이 있었다고 해요. 어떤 책에는 8천만 명이라고 쓴 책도 있습니다. 그 중에 생존자가 20%입니다.

이게 억류라고 되어있죠. 사냥하는 사람들은 건조한 초원을 달렸 잖아요. 대평원을 달리던 사람들을 어디다 집어넣냐면 습기가 많은 플로리다주의 소위 보호구역인 리저베이션reservation에다 억류해버 렸습니다. 탈출하면 그대로 쏴버립니다. 인디언들에게는 기후가 맞 질 않아요. 어떻게 맞겠습니까? 그래 그 습지에서 죽든지 아니면 미 국인으로 귀화하든지 양자택일을 강요한 것입니다. 그런 형태로 지 금은 20% 생존해 살아있거나, 귀화했거나, 폐인이 됐거나 했다는 겁니다.

백인들이 버팔로 사냥을 왜 했냐면, 수렵하는 사람들에게는 버팔 로가 생활의 수단이잖아요? 여러분, 「늑대와 함께 춤을」이란 영화 가 있습니다. 그 영화를 보신 분 있죠? 백인들이 버팔로를 전부 죽

'혼'은 민족원형질이다

🐝 민족원형보존이 흥망성쇠의 관건

〈인디언 문화말살〉
버펄로 사냥, 억류, 6천만 명 중 생존자 20% 역사상 최대 비극

인 다음에 가죽을 벗겨서 시체로 널어 놓은 장면이 나온다고요. 버팔로를 사냥한 이유가 민족의 원형을 없애기 위한 방법이었단 말입니다.

다음은 『사기』를 쓴 사마천이라는 사람인데요. 한무제가 온 동네를 시끄럽게 한 사람이잖습니까? 흉노하고 전쟁을 했는데, 이릉李陵 장군이 포로가 됐어요. 포로가 돼서 흉노의 옷을 입고 있었다는 겁니다. 이 소식이 한무제한테 들어간 겁니다. 한무제 입장에서 볼 때, 야만족의 옷을 입었다는 사실을 도저히 용서할 수 없었거든요. 불같이 화를 냈습니다. 이릉하고 친했던 사마천이 "폐하! 아마도 무슨 사정이 있었을 겁니다." 하고 간언을 했어요. 그러니 "너도 똑같은 놈이다." 안 그래도 뿔이 이만큼 나서 고함을 지르는데 "아이고~ 뭐 이릉장군도 사정이 있지 않았겠습니까?" 하니까 너도 똑같은 놈이다 해서 사마천이 궁형을 당하잖습니까? 궁형이라는 거 알죠? 설명 안 해도 알겠죠. 남자로서 수치스런 그런 형을 당합니다.

이게 사진이 없어서 그러는데, 1968년에 펄벅이 우리나라를 방문합니다. 그때 조선일보에 근무하던 지금은 고인이 됐죠. 이규태 씨가 안내를 했어요. 이규태 씨 보고 우리나라에서 제일 오지를 가자 했어요. 제일 오지라고 하니까, 이규태 씨가 차를 몰고 무주 구천동이라는 무주, 장수를 갔다고 합니다. 그때 어떤 상황이었냐 하면, 한창 가을걷이를 하는 늦가을 정도 됐습니다. 가을걷이를 해서 달구지에 벼를 잔뜩 실었어요. 그 다음에 농부도 지게에다 벼를 지고 소달구지 몰고 가는 거예요. 가다 보니까 "차를 세워라. 내가 보고 싶은 건 저거다. 저게 보고 싶어서 왔다. 저거 보라"고. "농부가 소를 가족처럼 생각하지 않느냐. 만약에 미국에서 저런 상황이 벌어졌으면 농부가 짐 지는 것은 고사하고 저기 올라탔을 거다. 미국 사람 같으면 올라탔을 거다. 저게 한국의 정서다. 내가 저 광경을 보고 싶어 왔다"고 했어요.

사실 우리는 너무나 흔히 보는 풍경 아닙니까? 달구지에 싣고, 또 농부는 지게에 지고 가는 거. 아까 홍익인간이라는 말을 했죠? 내 주위에 있는 모든 사람을 내 몸처럼 생각한다. 소도 내 몸처럼 생각했던 게 우리 선조들입니다.

이 얘기 잘 아시잖아요. 2002년 월드컵 4강에 올랐을 때. 이 자타일여, 상하일여로 폭발적인 에너지가 나온 겁니다. 미국 사람들이

'혼'은 민족원형질이다

🌸 민족원형보존이 흥망성쇠의 관건

〈오~필승 코리아〉

서울 시청 앞 프린스 호텔의 꼭대기 스카이라운지에서 가만히 보니까요, 수십만 명이 붉은 옷을 입고 깃발 들고 모여 있으니까 미국 기자들이 '야, 이거 틀림없이 무슨 일 난다.' 왜? 미국에서 이런 상황 되면 법이 없어지죠. 여기 무슨 법이 통하겠습니까? '이렇게 수십만이 모여 있는데 무슨 일이 일어날 것이다.' 무슨 일 일어났습니까? 아니잖아요. 그러니까 이것이 우리민족의 원형질이죠. 하나가 되면 폭발적인 힘을 발휘한다는 겁니다. 그러니 월드컵 4강, 우리나라한테는 정말로 꿈같은 얘기 아닙니까? 근데 그거 했잖아요. 이걸 이룰 수 있는 파워를 가지고 있는 민족이 우리민족이란 얘깁니다. 뭐만 되면? 하나만 되면!

그 다음 봅시다. 새마을 운동. 박정희 대통령이 다 잘한 건 아니죠. 이 세상에서 다 잘하는 사람이 또 어딨습니까? 한국사람에게 'Can Do'의 정신을, 뭐든지 하면 된다는 거죠. 박대통령이 'Can Do'의 정신을 형성시켜 준 사람이죠.

아마 나이 든 분들은 기억하실텐데요. 새벽종이 울렸네, 새아침이 밝았네, 했잖습니까? 우리도 함께 잘 살아보세. 여러분 잘 살아보자는데 이의 있는 사람 없잖아요. 그러니까 상하가 하나가 됐잖아요? 잘 살아보자. 우리도 잘 살아보자. 아니 이게 폭발적인 힘으로 솟아나 한강의 기적을 이뤘고, 오늘날 우리나라 국력이 무역대국의 12위라 안 합니까? 그만큼 우리나라의 위상이 올라갔잖습니까?

오바마가 케냐에 가서 뭐라고 했습니까? 1960년대 한국과 케냐의 국민소득을 비교하면 한국이 80달러였고 케냐가 300 몇 달러였답니다. 그러니까 케냐가 한국보다 4~5배 훨씬 높았다고 합니다. 북한도, 1960년도에 우리가 80달러이고 북한이 160달러였어요. 우리보다 GDP가 2배로 높았습니다. 지금 보라고요. 한국과 케냐. 케냐는 그대로잖아요. 우리는 지금 세계 10위권에 진입했습니다. 이렇게 할 수 있던 것도 바로 상하가 하나 되어서 할 수 있었던 파워 때문에 그렇다는 겁니다.

태극기

여러분, 우리 태극기 예사롭게 보죠? 이게 '하나'를 하기 위해 딱 맞는 겁니다. 여기 지금 양이죠, 이게 음이 아닙니까. 이게 왼쪽에 건리乾離, 오른쪽에 감곤坎坤 이렇게 되어 있죠. 왼쪽이 양입니다. 오

'혼'은 민족원형질이다

태극기도 '혼'을 표방한다.

른쪽이 음입니다. 건乾은 뭐냐면 하늘이란 뜻으로 양이죠. 곤坤은 땅이란 뜻입니다, 음이죠. 감坎은 물이라는 뜻입니다. 이게 음이고 중간에 양이 들어 있죠. 주역으로 보면 그렇습니다. 그러니까 여자들이 겉으로는 굉장히 유순해 보이잖아요. 안에 양이 들어 있습니다. 남자가 만만히 보면 큰 코 다칩니다. 그러니까 외유내강이 여자입니다.

남자는 겉으로 보면 아주 실해 보이잖아요? 아주 튼튼해 보입니다. 그런데 리離괘를 보세요. 안에 음이 들어있어요. 건드리면 터져버립니다. 그러니까 왼쪽에 있는 하늘과 불은 양이죠. 그러니까 이렇게 배합해서 태극을 만들면서 하나가 되는 겁니다. 이게 태극이잖아요. 이게 운동하면서 오행이 이뤄지고 돌아가는 겁니다.

우리나라 태극기 자체가 바로 한사상을 압축해 놓은 그런 상징물이다, 그렇게 생각하시면 됩니다.

2. 일제강점기 고대사 말살 사례

삼국사기와 삼국유사

1910년에 일본이 들어와 조선을 합방한 후에 '조선의 관습과 제도조사'라는 미명 하에 6년간에 걸쳐 고대 사서를 수집하고, 수집된 20만 권을 전부 불태워버립니다. 다른 사서는 불태우면서도 『삼국사기』와 『삼국유사』는 남겨놨어요. 왜 남겨놨느냐면요, 『삼국사기』는 고려 때 김부식이 쓴 거죠? 고려 인종 때입니다. 그때 동북아에서 어떤 일이 일어났냐면, 여진족의 금나라가 송나라를 무너뜨리고 중국을 통일합니다. 송나라가 저 밑에 내려가서 남송이라는 조그마한 나라가 되고 금나라가 중국 대국을 통일해버려요. 고려 입장에서 보면, 옛날에는 여진족이 우리한테 형제국이었어요. 조공을 바치던 나라가 어느날 보니까 황제국이 된 거예요. 황제국이 되어버리고 『금사예지金史禮志』라는 여진족의 역사책에 백두산은 영산靈山이고, 만주족이잖아요. 거기다가 단군을 개천홍성제開天弘聖帝라. 열릴 개開 자, 하늘 천天 자, 넓은 홍弘 자, 개천홍開天弘. 우리 단군을 그 사람들은 개천홍開天弘의 성제聖帝라, 성스런 황제라. 이렇게 했습니다. 그러니까 단군은 누구의 시조다? 여진족의 시조라고 해놓은 겁니다. 이런 상황에서 김부식이가 단군조선을 쓸 수 있겠습니까? 신하국이 됐는데. 이자겸이가 아예 금나라에 가서 "아이고 우리는 군신의 예를 하겠습니다." 전쟁할 수 없으니까 군신의 예를 그렇게 한 겁니다. 근데 단군조선을 쓸 수 있어요? 못 쓰잖아요. 그래서 『삼국사기』에는 우리나라 역사를 삼국부터 시작합니다. 그런데 일본 사람이 볼 때 그게 딱 맞는 겁니다. 단군조선이 없으니까! 그래서 그걸 남겨 놓은 겁니다.

『삼국유사』는 불교식으로 각색했습니다. 단군이 천 몇백 년을 통치했다. 말 자체가 안 되잖아요. 사람이 어떻게 몇천 년을 삽니까? 그런 문제의식 없이 불교적으로 해석한 거예요. 그래서 이 두 가지는 남겨놔도 단군을 치는데 아무 지장이 없겠다 해서 남긴 겁니다.

1945년 해방 때 일본 사람들이 모든 문서를 다 불태웠어요. 자기들 한 짓을 은폐하기 위해서죠. 조선총독부 창고에 들어있던 「유리문서」라는 게 있어요. 4,400권짜리 「유리문서」, 이걸 그 당시에 근무하던 뜻있는 한국 청년이 그걸 전부 빼서 트럭에 싣고 가서 일본 사람들이 했던 역사왜곡 내용이 하나없이 다 밝혀진 겁니다. 서희건이라는 기자가 세 권에 걸쳐서 그 내용을 그대로 쓴 거예요(『잃어버린 역사를 찾아서』). 아마 여러분들, 여기 보면 단군조선을 어떻게 말살했는지 다 나올 겁니다.

임나일본부설

그 다음에 이 사람들이 「광개토대왕비문」을 훼손하고 임나일본부설을 주장합니다. 어떻게 훼손했냐면 광개토대왕의 비문에 신라

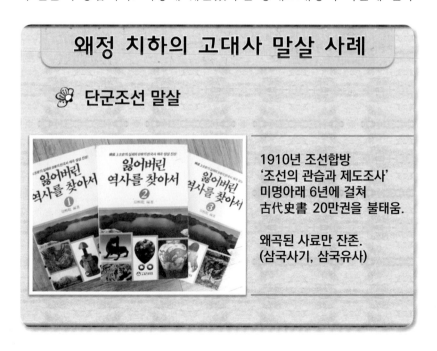

성 왜구대궤멸倭寇大潰滅, 신라성에 들어와 있는 왜구를 크게 궤멸했다는 뜻입니다. 이 얘기를 어떻게 변조했냐 하면 왜구의 구寇 자를 만滿자로 바꾸고 궤潰를 왜倭로 바꿔버립니다. 그러면 어떤 해석이 가능하냐면, 신라성에 왜만이라. 즉 일본인이 가득차서 일본인이 신라성을 궤멸했다는, 전혀 다른 뜻으로 왜곡한 겁니다. 이렇게 바꿔서 이걸 탁본한 겁니다. 탁본해서 이 내용을 갖고 어떤 일을 하느냐면 임나일본부설을 조작합니다. 왜냐면 신라가 멸망했다, 신라성을 없애버렸다 했으니까. 그래서 나온 게 임나일본부설입니다.

일본의 역사는 1,300년입니다. 야마토 정권이라고 해서 기원후 6세기에 세웠는데, 그것도 희미하다고요. 그렇다 치더라도 1,300년인데 우리는 5천 년입니다. 그러니까 얘네들이 어떤 형태로든 고대

왜정 치하의 고대사 말살 사례

❀ 역사왜곡

제4면   제3면   제2면   제1면

**광개토대왕 비문훼손, 임나일본부설 조작,
식민사관 학자(강단학파)**

조선을 없애야되겠다, 이런 생각으로 자기들이 합리화하기 위해서 임나일본부, 신라땅 한반도의 남부를 200년간 지배했다. 이걸 근거로 해서 이런 얘기가 나옵니다. 근데 이것은 누가 들어도 말이 안 됩니다.

왜 그러냐면, 일본이란 말을 본령인의 칙령에 의해서 기원후 701년에 처음으로 썼어요. 그전에는 왜라고 했지 일본이란 말 자체가 없었습니다. 그런데 4세기에 기록된 게 임나일본이란 말 자체가 안 된다는 것입니다. 그 다음에 한번 생각해보십시오. 이게 장수왕이 광개토대왕의 업적을 기리기 위해서 만든 비석이잖아요? 이 비석에, 왜가 쳐들어와서 신라 성이 멸망했다. 장수왕이 미쳤습니까? 이런 글을 쓰겠어요? 한번 생각해보세요. 이건 누가 들어도 안 맞는 말입니다. 이런 억지로 임나일본부설을 조작하고, 그것도 지금까지 일본 교과서에 그대로 싣고 있습니다. 그리고 학생들에게 가르치고 있습니다.

여러분, 세계에서 가장 권위가 있는 백과사전이 브리태니커 백과사전인데 그 속에 임나일본부설이 있습니다. 이런 사람들이 일본 사람들입니다. 역사를 자기 입맛대로 고쳐서 이렇게 조작하고 있습니다.

우리 역사를 일본만 훼손한 게 아닙니다. 지금 이게 치우대왕이죠? 치우대왕은 여러분들, 치우대왕이라는 거 처음 듣는 사람도 많을 거예요.

치우대왕

이게 중국에 있는 벽화예요. 그런데 치우대왕이 도끼 들고 있고, 그 아래 오른쪽에 도끼 들고 있는 사람은 동이족 치우이고, 여기 창 가지고 있는 사람이 중국 사람입니다. 사실 이게 아니거든요. 거꾸로 뒤집어진 겁니다. 치우대왕이 있을 때는 중국의 시조 황제가 거의 힘을 못 썼다고 합니다. 치우는 공포와 외경의 대상으로 기록되어 있습니다. 탁록지전涿鹿之戰이라, 사마천의 『사기』「오제본기」에 보면 그런 게 나옵니다. 중국 황제, 누루 황黃 자 황제 이 사람이 중국의 시조예요. 그리고 시조가 BCE 2700년, 지금으로부터 4,700년 전에 치우와 전투를 했다. 탁록에서 전투를 해서 반란군의 괴수인 치우가 전사했다. 그래서 그 기록에 보면 치우의 시체를 일곱토

왜정 치하의 고대사 말살 사례

🌸 치우대왕銅頭鐵額

탁록 귀감원에 있는 삼조당의 치우 그림

중국시조 黃帝까지 공포와 외경의 대상

막을 내서 사방에 뿌렸다. 이런 기록이 있습니다.

이것도 재미있는 게, 동북공정하면서 뭐라고 하냐면 이 치우를 삼조당에 떠억 모셔놓고 중국 시조라고 합니다. 희한한 사람들의 논리지요.

여기 보십시오. 치우상이잖아요? 이것은 황제고 이건 염제입니다. 그리고 탁록지전에서 죽였다는 반란군의 괴수라 했던 이 치우를, 여기 보세요. 치우상이죠?

이 세 사람이 모두 중국 시조다. 이러는 중국 사람도 희한한 사람들이죠. 희한할 수밖에 없는 이유를 조금 있다가 설명을 드립니다.

지금 이게 뭐냐면 여기 장승이라든가, 이게 붉은 악마의 로고였죠. 지금 우리나라에 있는데 이게 전부 치우대왕은 민족의 무신武神

왜정 치하의 고대사 말살 사례

일본은 '도깨비상'으로 비하
부여박물관(鬼形紋甎), 경주박물관(鬼面瓦)

이었거든요. 천하무적을 상징하기 위해서 이것을 만들어놓은 겁니다. 벽사의 의미도 있어요. 나쁜 놈 들어오지 말라는 뜻이죠.

그런데 일본이 유적을 발굴하면서 전부 도깨비라고 이름을 붙였어요. 지금도 경주박물관에 가면 **귀면와鬼面瓦**, 귀신얼굴 기와 이렇게 되어 있죠. 부여박물관에도 귀면와, 전부 귀신으로 만들어 놓은 게 지금 우리 역사입니다.

3. 단군조선을 말살하다

이마니시 류

지금부터 일본 사람들이 우리 역사를 멸살시킨 그런 과정을 설명을 하겠습니다. 75페이지 사진이 서희건씨의 『잃어버린 역사를 찾아서』에 있는 겁니다.

이마니시 류가 장본인입니다. 이 사람이 경도대학인가 있다가 그때 학생이었어요. 학생 신분으로 1910년에 우리나라에 와서 소위 '조선관습과 제도조사'라는 걸 합니다. 어떻게 보면 천황의 하수인으로 가장 중심적인 역할을 하면서 16년간인가 우리나라에 있었던 사람이고, 이 사람을 보좌했던 사람이 이병도입니다.

근데 어떤 문제가 나오느냐 하면, 일본이 우리나라를 합방하고 나서 제일 첫째 당면 과제가 뭐겠습니까? 한민족 자체를 말살하고 한민족을 일본인으로 동화시켜야 할 거 아닙니까? 이걸 동화하려고 가만히 보니까 한민족의 역사가 5천 년이고, 저희는 1,300년 밖에 안 되는 거예요. 거기다가 어떻게 되어 있냐면, 일본의 조상이 실제로 백제, 고구려입니다. 백제, 고구려 난민들이 건너 가서 아이누족을 정복해서 만든 나라가 일본입니다. 여러분, 일본 천황가가 바로 우리 백제 후예들 아닙니까? 우리가 하는 얘기가 아니고 일본사학자들이 인정하는 애기입니다.

천황가에 한 달에 한번씩 비밀 예식禮式이 있는데 뭐냐면 지금까지도 잊어버리지 않고 한 달에 한 번씩 마늘 먹는 의식을 갖는답니다. 원래 마늘 먹는 것은 일본 사람이 아주 싫어하잖아요? 조센징이라고 그렇게 싫어하는데, 우리는 여기에 있는 아이누족인 일본 토종과 다르다. 그런 뜻으로 마늘을 먹는 겁니다. 다시 말하면 떠나온 조선을 잊지말자, 그런 뜻입니다. 그런 뜻으로 마늘을 먹는

단군 조선을 말살하다

桓國을 桓因으로 조작

이마니시 류(1875~1932)

✓ 아마니시 류(今西 龍)의 檀君考에서 처음으로 단군을 신화로 조작(보조자가 '이병도'임)

✓ 이병도(한국고대사왜곡 선봉)의 참회
: 단군 조선은 신화가 아니라 실재적 사실이며,단군은 우리나라 國祖임을 천명
: 서낭당을 설명, 기원이 부루(단군의 황태자)에서 비롯되고 단군 찬양노래도 인정, 단군제사는 왜정 때부터 없어짐을 시인

겁니다.

그러니까 이마니시 류가 이걸 어떻게 하든, 5천 년 역사의 고대사를 잘라내야 명분이 설 거 아닙니까? 예를 들어서 일본의 선조들은 우리 조선이고, 우리 조선의 문화를 받아서 일본이 꽃피운 것도 전부 오리지널이 한국입니다, 조선입니다. 그러니까 이걸 없애야 되겠다. 1차 작업으로 이걸 없애야 되겠다 해서 이 친구한테 과업을 줬죠. 이걸 하고 난 뒤에 일본 천황한테 이 사람이 금시계를 받았다는 기록에 나옵니다. 이마니시 류가요.

어떻게 고쳤냐. 이게 『삼국유사』에 있는 석유환국昔有桓国이라. 아주 오랜 옛날에 있었다. 뭐가 있었나? 환국이 있었다는 거죠. 이걸 어떻게 고쳤냐면 오랜 옛날에 환인이 있었다. 국国 자를 인因 자

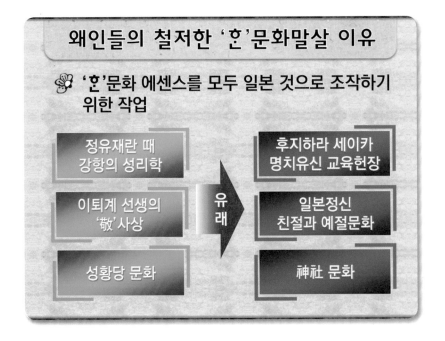

로 바꿨습니다. 이 환국이잖습니까? 나라가 있었다는 겁니다. 이것은 뜻이 천지차이가 됩니다. 석유환인이라. 환인이라는 전설적인 사람이 하나 있었다. 그건 신화다. 이래서 단군조선이 나라가 아니라 신화가 되어버리는 게 이 상황입니다.

그래서 이마니시 류가 이걸 갖고 「조선상고사의 연구」라는 논문 중에서 '단군고'에 대해서 이걸 처음으로 이렇게 나라를 신화로 만들어버린 거죠. 이렇게 조작한 논문으로 바로 박사학위를 받았습니다. 그 보조자가 이병도였고. 그 당시 이병도를 안타깝게 생각했던 서울법대 학장을 지냈던 최태영 박사가, "자네, 죽기 전에 단군조선을 자른 걸 참회하라"고 권유했고, 이병도씨가 1986년 10월 9일자 조선일보 한 면에 '단군조선은 신화가 아니라 실제적인 사실이라'

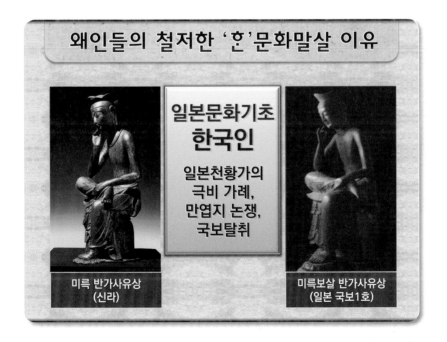

왜인들의 철저한 '훈'문화말살 이유

일본문화기초
한국인

일본천황가의
극비 가례,
만엽지 논쟁,
국보탈취

미륵 반가사유상
(신라)

미륵보살 반가사유상
(일본 국보1호)

고 참회한 글이 있습니다.

그런데 그 때 보면 단군은 우리 조선의 국조가 맞다, 서낭당도 우리 것이었고 신사로 넘어갔다, 기원이 부루였고 단군의 황태자에서 비롯되었다, 그렇게 서낭당이 비롯된 내용을 썼고, 단군 찬양노래, 세년가라는 찬양노래가 있었다고, 단군 제사는 일제강점기 때부터 없어졌다고 시인하는 그런 글을 썼습니다. 글을 써서 발표를 하고 얼마 후에 타계를 했습니다.

4. 홍산문화와 단군조선

우하량 유적

그 다음에는 홍산문화가 나오는데요. 이 홍산문화는 바로 요하 건너에 있는 큰 문화였습니다. 이 문화를 언제 발굴을 하느냐면 1980년대에 발굴을 시작하거든요. 그 위치가 요녕성이었고 조양시 부근 우하량 유적이었는데 16군데를 발굴을 합니다. 발굴을 통해 밝혀진 연대가 방사성 탄소측정연대로 BCE 3500년에서 3000년 전의 것으로 밝혀졌습니다. 그러면 이걸 정확하게 얘기하면 2,000년 보태면 5,500년 전에 있었던 문화다 그말입니다.

근데 여기 어떤 문제가 나오냐면요. 황하문명이 세계 4대 문명이잖아요? 세계 4대 문명인데, 황하문명이 BCE 2500년 정도밖에 안됩니다. 그러니까 그보다 1,000년 전에 이미 동이족 중에서 우하량에서 요하문명이라는 찬란한 문화가 꽃을 피웠다는 겁니다.

그러니까 중국입장에서는 문제가 생기는 겁니다. 왜 문제가 생기느냐면 생각해보십시오. 황하문명이라는 것은 결국 요하문명의 지류가 되어버리잖아요. 그렇잖아요? 1,000년 전에 이미 선진문명이 있었다는 얘기입니다.

이게 발굴할 때의 사진입니다. 우하량 유적지에 대한 사진입니다. 발굴한 내용이 있죠? 근데 여기 보십시오. 여기 보면 이 부위의 시신을 탄소측정을 했겠죠? 했는데 여기에 전부 옥으로 된 치환들이 있죠. 이게 신분을 나타내는 거랍니다. 많이 있으면 그 사람 대단한 사람이죠. 없는 사람은 천민이든 그냥 시민이 되고. 이런 문제가 되니까 요하문명이 황하문명보다 훨씬 앞섰다는 얘기가 되니까 중국의 입장에서는 딜레마에 빠지게 되는 거죠.

홍산문화

이걸 인정하면 황하문명이 요하문명의 하나의 지류밖에 안 된다.

여신묘 발굴

그 다음에 요녕성에 있는 요하문명의 제일 핵심 되는 것이 여신묘 발굴이라는 겁니다. 여신묘에 나오는 유적들은 BCE 5575±80년이랍니다. 그러면 6천 년이죠. 2천 년을 합치면 8천 년 전의 역사란 말입니다. 그러면서 중국 사람들이 여기서부터 욕심을 내죠.

삼황오제까지 합치면 중국 역사는 만년이다. 이렇게 생각하는 거예요. 그래서 여기서 나온 여신묘에서 발굴된 유적 중에서 두드러진 것이 흙으로 빚은 여신상인데 '동방의 비너스!'라고 이름을 그렇게 붙였답니다. 동방의 비너스, 이렇게 붙였는데, 여기서 나온 유적이 있죠. 굉장히 큰 유적이 나옵니다.

중요한 것은 여기에 청동 주물그릇과 청동을 흘린 그런 흔적이 있답니다. 이게 왜 중요하냐면 고조선을 인정하지 않는 실증사학들이 네 가지 이유가 있어요. 그건 역사에 기록이 없었다. 그건 거짓말이거든. 역사기록이 수없이 많은데 자기들 유리한 대로 기록이 없다고 했고. 그 다음에는 신화다. 아까 이마니시 류가 신화라고 했잖아요? 그 다음에 고려 때 구전 된 것이다 하고. 이건 별로 학술상 설득력이 없으니까, 마지막 달려있는 게 뭐냐면, 우리나라의 청동기문화는 BCE 1,000년 이상 올라가지 않는다고 했어요. 그렇기 때문에 BCE 2333년이 고조선 건국으로, 요하고 같이 봐서 그렇게 봤잖아요?

그런데 아무리 찾아도 BCE 2333년에는 청동기 문화가 없었다. 고조선은 말이 안 된다. 국가가 있었다는 말이 안 된다, 이렇게 얘기한단 말입니다. 그런데 이게 지금 몇 년 전입니까? 8천 년 전부터 시작해서 이게 벌써 청동기문화가 있었다는 얘깁니다. 더 중요한 것이 그 다음 봅시다. 이게 하가점하층문화라는 겁니다. 이게 BCE 2200년에서 1500년 사이라고 하거든요. 이 문화가 누구 문화겠습니까? 고조선 문화에요.

이것은 우리가 고조선 문화라고 하는 게 아니고 중국사학자들이 고조선 문화라고 합니다. 홍산문화는 동이족 문화가 맞다. 하가점하층문화는 고조선 문화가 맞다고 인정을 합니다. 인정한다고 좋아할 일이 하나도 아니라는 겁니다. 문제는 그게 딜레마에 빠져 있는 겁니다. 이 사람들 하는 얘기가 다민족 역사관입니다. 중국 땅에 있는 모든 역사는 우리 역사이지 너희 역사가 아니다. 지금 이러는 겁니다.

하가점하층문화

여기에 이 부분이 아까 말한 요하문명입니다. 홍산문화, 중간에 여기 보면 약간 빨간 표시로 되어 있죠. 이게 지금 하가점하층문화, 고조선이죠. 이게 조양시 부근입니다. 이게 고조선이 원래 있었던 자리에요. 그리고 이런 문화들이 중국 산해관, 이 밑에 있잖아요. 전부 동이족 문화였다. 중국학자가 다 인정을 하고 있어요.

그래서 하가점하층문화와 홍산문화의 공통 유적이 뭐냐 하면 빗

살무늬토기, 비파형 단검, 돌무덤, 종교제단, 원형과 방형입니다. 원형은 하늘에 제사지내는 제단. 방형은 땅에 제사, 지신에게 제사지내는 제단입니다. 이건 우리나라 태백산에도 있고, 어디가면 둥글게 한 것은 천단天壇이라고 하고, 네모나 있는 것은 지단地壇이라고 하고, 또 삼각형인 것은 인단人壇이라고 합니다. 그대로 우리문화에요.

그 다음 봅시다. 이게 그 당시에 나왔던 원형제단을 말합니다. 그 다음. 하가점하층문화도 옥이 나왔고. 여러분들, 이걸 보면서 생각나는 게 뭐냐면 경주 거기서 나온 게 전부 옥으로 만든 거잖아요. 이게 우리문화의 원형이라는 걸 쉽게 알 수 있습니다.

하가점하층문화가 이런 게 있고, 곰 형태의 각종 유물이 있어요. 동북지방의 공통적인 당시의 신앙이 뭐냐면 곰을 숭배하는 그런 토템사상이 있었다고 해요. 곰을 숭배하는 사상이 있었고, 순장과 순생의 제도가 있었습니다. 순장은 사람이 같이 무덤에 가는 거고, 순생이라는 건 동물을 같이 집어넣는 거랍니다. 그런데 하가점하층문화에 보면 순장도 있고 순생도 있다 이겁니다. 이건 국가가 있어야만 가능한 얘깁니다.

그래서 여기서 생각나는 건, 고대 국가가 성립하려면 5개 정도의 조건이 있다고 그래요. 첫째는 성곽이 있어야 한다. 도시가 있어야 되고 궁전이 있어야 되고, 대형 무덤이 나와야 하고, 청동기문화가 있어야 한다. 이게 고대국가를 이루는 조건이라고 하는데, 하가점하층문화에 보면 이런 걸 다 갖추고 있다고 합니다. 대형무덤도 나왔고, 성벽도 나왔고, 궁전은 형태로만 나타났고, 그 다음에 순장의 제도도 있었습니다. 이런 것은 국가가 아니고는 있을 수가 없잖아요?

하가점하층문화는 정착생활을 한 민족으로서, 분명히 이것은 고대국가라고 중국학자도 그랬고, 우리 한국학자도 윤내현 교수라든지 한창균 교수, 복기대 교수 이런 분들이 모두 인정하고 있습니다.

윤내현 교수가 저술한 『고조선 연구』, 책 부피만 이만합니다. 800페이지가 넘어요. 그렇게 연구하셔가지고 저술을 한 겁니다. 그일을 보면 눈물 납니다. 어떻게 이런 걸 할 수 있느냐고. 근데 실증사학자들이 윤내현씨를 공격하잖아요? 정당하게 나온 물증에 의해서, 정보에 의해서 썼다. 실증사학들이, 청동기문화가 없어서 고조선은 없다고 얘기했는데, 이런 게 사실이라면 사실 이런 논쟁의 의

홍산문화와 단군조선

홍산문화 · 하가점하층문화의 의미

중국 학자들도 동이문화와 고조선 문화로 인정

실증사학자들이 말하는 청동기 문제에 대한 논쟁 종식

치우천황이 역사적 인물이라는 사실 증명

미가 없어지잖아요.

물론 어떤 학설이든, 내가 얘기하는 게 전부 다 보편적인 선이라고 저는 생각하지 않습니다. 내 얘기에 대해서 반론을 제기할 수도 얼마든지 있습니다. 그러나 내가 아는 정보를 갖고 설명을 해드리는 거니까 참고를 하십시오.

문제는 이런 홍산문화와 하가점하층문화까지 나왔는데도 이 부분에 대해서 부정을 한다고 하면 그건 더 이상 할 말은 없죠. 없지만 이 부분에 대해서는 어쨌든 한번 짚고 넘어가야 되는 것이 우리의 생각이다 하는 점을 얘기하면서 넘어갑시다.

홍산문화와 하가점하층문화의 의의를 좀 설명을 드리겠습니다. 중국학자들도 동이문화 ,고조선 문화라고 인정하고 있습니다. 그 다음에 실증사학들이 말하는 청동기 문제에 대한 논쟁은 사실 종식됐다고 봅니다. 왜? 과학으로 얘기하자 그랬거든요. 역사는 과학이라고 했는데 이제 과학이 나왔으니까 이제는 더 이상 고집할 이유도, 할 말도 없을 것이기 때문입니다.

그 다음 우하량 유적으로 치우가 역사적인 인물이라는 것도 증명이 됐습니다. 하가점하층문화의 인골의 특징이 있는데, 구석기 시대부터 현대의 한국인에 이르기까지 인골의 특징이 있답니다. 뭔가 하면 이마에서 뒤통수까지 머리 길이라고 합니다.

이것보다는 아래턱에서 정수리까지 이걸 머리높이라고 합니다. 이게 우리 조선족들은 이게 높답니다. 그런데 여기 홍산문화 하가점에서 나오는 인골들이 길이보다는 높이가 높은 특징이 있다고 합니다. 이것도 과학이잖아요? 그런 것입니다.

그 다음 중국의 문제는 여기에 있습니다. 아까 말씀을 드린 것처럼 홍산문화가 발견됨으로 해서 황하문명이 지류가 될 그런 상황이 됐기 때문에 중국학자들이 여기서 히든카드를 빼낸 게 뭐냐면 다민족 역사관이라는 거죠. 중국 땅에 있는 모든 역사는 중국역사다, 고로 동이족이 맞다, 또 그 다음에 고조선이 국가 맞다, 그렇지만 이것도 지방분권으로 중국역사다. 이러는 것이 동북공정입니다. 이렇게 되고 나니까 이게 여러 가지로 심각한 문제를 낳게 되었습니다.

5. 새로 써야할 고대사

이래서 사실은 고대사를 새로 써야 합니다. 역사 해방이 아직 안 됐습니다. 지금도 안 됐습니다. 여러분, 중고등학교 역사책을 한번 넘겨보십시오. 오랜 세월 동안 바뀌어진 게 세 가지 있습니다. 하나는 지금까지 통설이었던 청동기문화가 BCE 1000년인데 올려서 BCE 2000년이라고 공식적으로 천명한 게 달라졌고, 또 하나는 130여년 우편발행사상 2008년 7월에 처음으로 단군왕검 우표가 나왔습니다. 그게 달라졌고. 마지막으로 달라진 것이 『삼국유사』에 의하면 단군왕검이 고조선을 건국했다라고 한다.'에서 '한다'를 빼고 '단군왕검이 고조선을 건국했다.'라고 쓴 점이 달라졌어요. 이 세 가지가 달라졌어요. 이게 우리 역사 교육의 실체입니다. 그러니까 고대사를 새로 써야겠죠.

『단기고사』, 『단군세기』 재조명이 필요하다. 이게요, 서울대학의 천문학 교수인 박창범 교수가 『하늘에 새긴 고대사』라는 책을 썼습니다. 내가 그걸 보면서 참 혼자 웃었어요. 그 얘기가 맞다.

예를 들면 천문기록이 말이죠. 『단기고사』, 『단군세기』 천문기록이 60개가 있대요. 그런데 천문기록 중에서 뭐가 나오느냐면요, 오성취루라는 게 나옵니다. 수성, 목성, 화성, 금성이 있죠. 다섯 개 별이 일직선으로 나란히 서는데요. 이게 250년마다 한 번씩 닥친답니다. 그런데 고조선 13대 흘달임금 그 연대하고 박창범 교수가 슈퍼컴퓨터를 동원해서 쭉 알아본 결과 이 연대하고 1년 차이가 난다고 해요. 1년 차이는 문제가 안 된다고 합니다. 만약 이걸 고의적으로 끼워넣을 확률은 0.007%라고 얘기합니다. 아래 사진이 박 교수의

저서에 나온 사진입니다.

그러면 천문학으로 나오는 그때가 그 당시의 상황이 해질녘이라고 되어 있고, 오성이 있으면서 초생달이 보인다고 하는데 그 내용이 그대로 그 상황하고 맞다는 겁니다. 그러니까 이분이 하늘에 새긴 우리 역사다, 고대사 다시 써야 한다, 이걸 발표하고 난 후에 학계에서 한번 센세이션이 일어났습니다. 고대사 새로 써야 한다고 야단 난 일이 이 사건입니다.

그 다음 봅시다. 5대 단군 구을의 명왕성 이야기가 나옵니다. 명왕성은 누가 발견했느냐면 1930년에 톰보라는 미국의 과학자가 처음으로 명왕성을 발견했는데, 5대단군 구을 때 명왕성 얘기가 나온다는 겁니다. 그러니까 박창범 교수도, 기이한 일이다, 어떻게 이 시

새로 써야 할 고대사

'단기고사, 단군세기'재조명 필요

1. 천문기록으로 찾아본 단군조선
2. 5대 단군 구을 명왕성 이야기
3. 29대 단군 마휴 남해의 큰 썰물
4. 규원사화(중국고대사서 포함 43종 인용)
5. 북애노인의 한탄
6. 이상시(단군실사고증연구)의 충고

대 이런 얘기가 나오는지 모르겠다는 겁니다. 박석재 박사는 명왕성에 대한 기록은 후대에 가필된 부분일 것이라고 지적했습니다.

그 다음 봅시다. 29대 단군 마휴 때 남해에 큰 썰물이 있었는데, 맞다.

규원사화

이쯤 해놓고 규원사화에 대한 이야기를 합시다. 규원사화라는 책은 북애노인이란 사람이 썼는데, 이 사람이 숙종시대 사람이거든요. 그 당시에 있었던 44권의 역사책을 기록해 쓴 것이 규원사화입니다. 우리나라 역사서 10권, 중국의 사서 34권, 합쳐서 44권의 고대 사서를 인용해서 만든 책이 규원사화입니다. 규원사화는 유일하게 원본 그대로 남아있는 책입니다.

여기 보면 단군이 47세, 역년 1,195년으로 되어 있다고 하고요. 이분이, 더이상 단군조선이 있었냐 없었냐 이건 말이 안 된다고 쭉 설명했습니다. 당시 44권의 인용된 게 전부 기록이 다 나와 있습니다. 이게 남아 있는 사서도 있고 없는 사서도 있겠지만, 규원사화를 쓴 이분이 한 유명한 얘기가 몇 마디 있어요. 제일 끝에 '만설'이라는 거, 요즘 말하는 후기라는 걸 쓰면서 뭔 얘기를 했느냐면, 조선 사람들이 가장 존경하는 사람이 공자다. 공자왈 맹자왈 했잖아요? 공자가 가장 존경하는 사람이었는데, 그 공자는 믿으면서 공자가 가장 존경했고 가고 싶어했던 동이를 믿지 않으니 참 통탄할 일이다. 이 얘기 하나하고.

두 번째는, 우리나라 역사를 되찾지 않으면 인접국에 패망할 것이다, 이런 예언을 했습니다. 사실 우리가 패망했잖습니까? 35년간 나라를 빼앗겨 버렸는데, 이 얘기들을 우리가 기억해 둘 필요가 있습니다.

그 다음에 봅시다. 여기에 마니산 참성대가 있고, 그 다음에 단재 신채호, 서서 세수했다는 분 있죠. 고조선이 없으면 우리나라 역사는 없다고 했어요. 왜? 뿌리가 없으니까. 뿌리가 없는 나무가 살 수 있느냐 하고 반문하고 계시거든요. 맞잖습니까? 고조선이 없으면 우리나라는 역사 없습니다. 이 얘기도 새겨 들을 필요가 있습니다.

2강을 마무리 하면서 두 가지만 얘기하겠습니다. 하나, 일본이 우리나라를 합병한 후에, 우리 역사가 5천 년이라는 게 이 사람들한

새로 써야 할 고대사

마니산 참성대

단군조선 47대 1195년 지속

테 기마동정설이라는 것까지 합쳐서 불과 1,300년 밖에 안 되는 일본 역사와 비교할 때 알레르기 반응을 일으켰습니다. 반드시 이걸 잘라야 되겠다 해서 반만 년, 단군조선의 고대사를 잘라버렸습니다. 그런데 이게 지금도 복원이 안 되고 있습니다.

다민족 역사관

그 다음에 또 하나는, 동북공정이라 해서 중국이 지금 다민족 역사관이라는 새로운, 1980년 이전에는 그런 역사말이 없었어요. 다민족 역사관을 앞세워서 중국 땅에서 일어나는 모든 역사는 우리 중국의 역사다. 홍산문화-동이족 맞다, 하가점하층문화-고조선 맞다, 틀림없다, 고대국가다, 그러나 이거 우리 중국문화다, 우리 중국역사다! 이게 지금 우리 고조선 역사가 안팎으로 그렇게 공격을 받는 그런 입장입니다. 동북공정을 하기 위해서 중국 사람이 우리 돈으로 3조 몇억을 투입을 했습니다. 그 이유가 뭐겠어요? 소련이 붕괴되었죠? 붕괴되면서 민족끼리 전부 분산해서 나라가 다 독립을 했잖아요. 중국의 입장에서 볼 때는 이게 심각한 문제입니다. 55개 소수민족이 모두 들고 일어나서 나도 나라 세우겠다고 하면 그때 어쩌겠냐는 거죠. 이 위기의식 때문에 다민족사관이란 생각을 하게 되었습니다.

그래서 단 하나 생각한 것이 요하문명이 황하문명보다 천년을 앞섰다는 겁니다. 그리고 치우를 반란군의 괴수라고 역사에 적고 있습니다. 시체를 일곱 덩어리를 내서 흩었다 했습니다. 그 치우를 삼조당에 흉상을 만들어놓고 중국의 선조라 합니다. 치우가 중국의 선조입니까? 이렇게 반문하면서 제2강을 마치겠습니다. 감사합니다.

새로 써야 할 고대사

제 三 강 한은 하나 되는 문화다

제3강
'흔'은 하나되는 문화다

만나서 반갑습니다. 1강에서 한의 낱말에 대해 여러 가지 분야로 탐색을 해 봤고, 2강에서는 한의 근원인 단군정신에 대해서 강의를 했습니다. 오늘 3강은, 그러면 한문화의 키워드 가장 핵심적인 내용이 무엇이냐? 이 부분에 대해서 강의를 하겠습니다.

1. 이성적 측면의 '흔'문화

순리문화順理文化

먼저 결론부터 얘기를 하면, 한문화는 이성적인 면, 또 감성적인 면, 기층적인 면으로 저는 그렇게 세 가지로 봅니다. 이성적인 면은 순리문화이고, 감성적인 면은 여러분이 많이 들었을 것입니다. 가무와 유희, 아주 신명나게 신바람 나게 하는 것이고, 기층적인 것은 한문화의 밑바닥에 깔려있는 한

문화의 특징으로 정입니다. 정과 사랑은 서로 다른데 그 부분을 설명 드리겠습니다.

한문화를 한마디로 말하면 하나 되는 문화다. 이것이 이번 시간의 결론입니다. 결론부터 얘기하고 그 순서대로 강의를 하겠습니다.

순리문화順理文化라는 얘기. 여러분들의 할아버지 아버지대에서 이런 얘기를 많이 들었을 것입니다.

"애야, 순리대로 해라." "궁리를 좀 해봐라." 이런 얘기를 들었을 거예요. 이렇게 순리, 궁리라 할 때 이理는 우리말로 풀이를 하면 나무결입니다. 결대로 자르면 갈라지잖아요? 결이 순리順理이고, 이게 우주 진리라는 뜻인데요. 순리문화를 생각하면서 얼핏 생각나는 사람이 김삿갓입니다. 그 분이 평생 삿갓을 썼지요? 그 분이 왜 썼는지, 여러분들이 책을 보셔서 아시는 분들이 많을 겁니다. '나는 하늘을 볼 수 없는 죄인이다.' 해서 삿갓을 썼어요.

홍경래 반란 때 할아버지가 선천 군수였던 김익순이었죠? 그 이웃 고을 군수는 관인을 안 주려고 손에 거머쥐고 있으니 이쪽 팔을 끊었어요. 그러니 이쪽 손으로 거머쥐니 또 그 쪽 팔을 끊었어요. 그래서 입에 물었어요. 물으니까 홍경래가 목을 쳐서 결국 관인을 빼앗아갔는데, 그 얘기를 듣고 김삿갓 할아버지께서는 아예 문을 열고 항복을 해 버렸어요. 홍경래 난이 평정이 되면서 역적이 되었지요.

그래서 할머니와 아들, 손자가 강원도로 피신을 갔습니다. 김삿갓의 나이가 초시初詩를 보는 18살이 되어서 갔다는 거죠. 그 때 과

거의 시제가 무엇이냐 하면, 홍경래 반란 때 김익순의 역적인 사실을 두고 그것을 매도하라는 것이 시제였습니다. 할아버지나 할머니가 집에서 그런 것을 안 가르쳐줬잖아요? 어린 입장에서, 너는 죽어도 황천에도 못 갈 것이고 백 번을 죽어도 마땅하다는 식으로 과거문을 썼다는 거예요. 그래서 장원이 되었어요. 집에 돌아와서 잔치를 해야 할 것 아닙니까? 그런데 오늘 시제가 무엇이냐? 물으니까 할아버지를 매도하는 것이 시제였거든요. 할머니와 어머니가 그 얘기를 듣고 아무 말 없이 방으로 들어가고 혼자 남았다는 거예요.

나중에 알고 보니 자기가 그렇게 매도한 사람이 내 할아버지였다는 거예요. 그러니 내가 어떻게 하늘을 보느냐 이거죠. 그래서 삿갓을 썼습니다. 그래서 평생을 가슴에 새긴 것이 무엇이냐면 '나는 순리順理를 어긴 사람이다.' 그렇게 얘기를 했어요.

이기론

그 때 '이理'라는 것이 하늘의 뜻입니다. 어떻게 내가 할아버지를 욕할 수 있냐는 겁니다. 물론 개인 김삿갓의 입장에서 봤을 때는 고의도 아니고, 사실 알고 그런 것도 아니잖아요? 아무리 그렇다 해도 할아버지를 욕할 수 있느냐, 그래서 내가 하늘을 볼 수 없다고 해서 삿갓을 썼다 이거에요. 그 때 '이理'가 순리입니다.

따라서 '이理'의 문화가 우리 한문화의 이성적인 면을 차지하는 겁니다. 이理와 기氣에 대해 조금 보충설명을 하겠습니다. 공자 이후 천 년이 지나 주자에 와서 보니까 불교나 도교에 비해서 유학이

약한 것이 뭐냐하면, 우주론이 없다는 것입니다. 그냥 사람은 바르게 살라는 것은 되는데, 왜 바르게 살아야 하느냐? 또 예를 들어 천天, 도道의 관계를 설명하지 않은 것이 구舊유학입니다. 그래서 그것을 정립한 사람이 주자이고, 그 정립을 위해 끄집어낸 개념이 이理와 기氣입니다. 이理와 기氣는 뭐냐? 여러분과 나는 사람이잖아요? 사람의 씨앗이 이理입니다. 개의 씨앗이니까 개입니다.

이理라는 것은 천지만물의 모든 근원되는 씨앗이다. 기氣는 뭐냐면, 여러분이나 나나 똑같은 이를 타고난 사람입니다. 그러나 여러분 각각 모습이 다르잖아요? 힘 센 사람, 잘생긴 사람, 못생긴 사람이 있는 것은 기를 달리 타고 났기 때문입니다. 기가 다르기 때문에 그렇다는 것이죠.

'훈'문화의 키워드 이성적 측면

順理文化

'理'의 문화

✓ 朱子는 理는 조직원리(생리), 氣는 물질에너지(실체)
✓ 理氣論과 음양오행론, 기품론
✓ 조선유학은 신유학을 완성함(이황, 이이)
✓ 天地自然과 사람이 하나라는 생각
✓ '하늘 무서운 줄 알라'

順理(자연이치에 거역하지 않는다)文化가 자생하게 됨.

이기론과 음양오행론을 주자가 어떻게 설명을 하느냐 하면 이는 씨앗이고, 씨앗이 하늘의 기를 받아서 만들어진 것이 인간이고, 짐승들이다. 천하만물이 다 그렇습니다. 그러면 예를 들어서 우리나라 국기에 태극이 있잖아요? 그러면 태극이 뭐냐? 태극이라는 것은 천하만물에 이理 되는 것을 다 모아놓은 것이 태극이라는 것입니다. 이 태극이 움직이면 양이 되고, 정지하면 음이 되지요. 음과 양이 서로서로 바뀌어가며 화수목금토 오행이 만들어진다, 오행이 만들어져서 천하만물을 만들어낸다. 이것이 신新유학의 이기론입니다. 즉, 우주론입니다.

이것을 누가 더 완성했느냐 하면, 조선시대 이퇴계, 이율곡 선생께서는 이기理氣의 관계에 대해 얘기한 거예요. 이理가 발하고 기氣가 따라간다. 이理는 그 속에 가만히 있고 기氣만 움직인다. 기일도氣一道설입니다. 공자는 유학의 씨앗을 뿌렸고, 주자는 유학에 꽃을 피웠고, 조선시대 이퇴계 선생은 유학의 열매를 맺었다. 그러면 유학을 공부하는 사람은 반드시 넘어야할 고개가 이퇴계 선생입니다. 씨앗에서부터 꽃을 피우고 열매를 맺었으니까 유학의 핵심 키워드는 이퇴계 선생이 가지고 계신 거예요. 그래서 세계 유수의 대학들에 퇴계 연구소가 수십 개가 됩니다. 유학을 연구하려면 이퇴계를 넘지 않으면 안 됩니다. 그러니까 우리나라에 와서 유학이 완성이 되는데, 그 때 그 이理가 우리 문화의 바탕을 이루었다는 겁니다.

이理라는 것은 천지자연의 씨앗이라고 그랬죠? 삼라만상의 씨앗이 이라고 그랬죠? 삼라만상의 씨앗이 이거든요. 그런 이가 사람의 씨앗이 하나라고 했습니다. 오행과 음양이 다 모여서 사람이 되니까 여기도 남자, 여자가 있지 않습니까. 남자는 양이고, 여자는 음입니다. 그런데 음양이 화합을 해야 가정이 이루어지고 아들딸도 낳는 것 아닙니까? 그래서 만사가 이에서 출발하고 이에서 근원이 된다는 것입니다. 이런 것이 한문화의 이성적인 바탕이라는 것입니다.

우리가 흔히 말하는 얘기가 '얘야, 하늘 무서운 줄 알아라.' 왜 김삿갓이 삿갓을 썼느냐는 것도 내가 하늘을 볼 수 없다는 겁니다. 하늘을 볼 수 없다는 것은 내가 순리를 어겼다는 거예요. 그래서 평생을 그렇게 살았습니다. 아마 이 시대에 그랬으면, 내가 뭘 잘못했나? 나는 몰랐고…. 그러나 그 시대 사람들은 이에 대해서 그만큼 철저했고, 이를 그만큼 철저하게 하늘의 잣대라고 보았어요. 우리나라 사람들은 법이 문제가 아니고 하늘을 잣대로 살았다는 거예요.

여기서 김삿갓 시 한 수를 감상할까요.

사 각 송 반 죽 일 기
四脚松盤粥一器
천 광 운 영 공 배 회
天光雲影共排徊
주 인 막 도 무 안 색
主人莫道無顏色
오 애 청 산 도 수 래
吾愛靑山倒水來

네 다리 소나무판에 죽이 한 그릇 있다. 이 사람이 방랑 시인으로 생활했잖아요. 하늘의 빛과 구름 그림자란 뜻 아닙니까. 갱죽은 너무 맑아서 물이나 마찬가지예요. 그러니 죽 위로 하늘과 구름이 함께 떠온다. 주인이여, 미안하게 생각하지 말아라. 나는 거꾸로 뒤집혀서 떠오는 청산을 사랑하노라.

이 양반이 다니면서 굉장히 많은 시를 쓰는데, 그것을 일일이 여러분께 다 소개할 수 없겠지만 김삿갓 시를 읽으신 분은 자연과 하나되는 독특한 시흥을 기억하실 겁니다.

이화理化세계

순리문화에서 나타나는 것이 뭐냐면 이화理化세계입니다. 정치하는 사람들도 이理에 따라서 해라, 원리대로 해라, 양심대로 하라, 양심대로 정치를 하면 정치가 나빠질 이유가 하나도 없다, 이에 따라서 정치를 해라, 그러면 조화도 이루고 관용과 포괄도 다 수용할 수 있다는 거지요.

이理란 사물의 결과 흐름을 따라가기 때문에 여기 무리가 있을 수 없지요. 결을 따라서 무리 없이 정치하라는 뜻이지요. 화백제도가 만장일치라 해도 되는 이유가 양심을 생각하고 이치를 생각해보면 반대할 이유가 없다는 겁니다. 양심으로 그것이 맞다고 생각했는데 반대할 이유가 없잖아요. 화백의 만장일치가 가능하다는 겁니다. 우리 옛날시대 정치관은 천하를 양심, 이치, 본심으로 다루는 겁니다.

화엄사상에 이사무애理事無碍라는 것이 있습니다. 여러분, 성철 스님이 하신 얘기가 있잖아요? 산은 산이요, 물은 물이요. 한 단계 넘어가면 산은 산이 아니요, 물은 물이 아니다. 그 다음 뭐가 나옵니까? 산은 물이요, 물이 산이다. 얼핏 들으면 언어유희 같지만 이理라는 말은 도의 세계고, 사事라는 세계는 속세란 뜻입니다. 이치의 세계나 도를 깨달은 사람의 세계나 속세에 사는 세계나 한가지란 말입니다. 이거 누구를 얘기한 것입니까. 원효 스님을 생각하면 됩니다. 그러니까 도의 세계와 속세의 세계가 하나가 되는 겁니다. 아무 걸림이 없다는 얘기입니다.

이것보다 한 단계 더 나가면 사사무애事事無碍란 말이 있습니다. 이것이 뭐냐면 산이 물이요, 물이 산이 되는 겁니다. 여러분, 멍해질지 모르겠지만 사람이 돌고 도는 것을 보면요, 얼마든지 물이 산이 될 수 있고 산이 물이 될 수 있거든요. 그래서 이런 경지가 화엄의

'혼'문화의 키워드 이성적 측면

順理文化

理治(조화, 관용, 포괄)

✓ 理란 사물의 결과 흐름을 따라 가는 것
✓ 결을 따라 무리 없이 통치(화백제도의 만장일치가 가능)
✓ 정치관은 천하를 이치(양심, 본심)로 다스림
✓ 화엄 사상의 理事無碍경지
✓ 정치적 이상향은 神市로 계급이 없고, 강압이나 폭력이 없는 이상적 민주주의의 원형

경지까지 가는데, 원효가 십문화쟁론十門和諍論 책을 쓰면서 이 얘기를 아주 핵심적으로 얘기하고 있습니다.

2. 감성적 측면의 '혼'문화

신바람 문화

혼문화의 이성적 측면이 순리順理라면 감성적 측면은 신바람입니다. 마치 새의 양 날개처럼 상호보완적입니다. 그럼 감성적 측면을 볼까요.

우리나라만큼 노래방 문화가 발달한 곳이 없죠. 그 발달되어 있는 내용이 신명, 신바람이거든요. 우리 한문화의 감성적인 측면입니다.

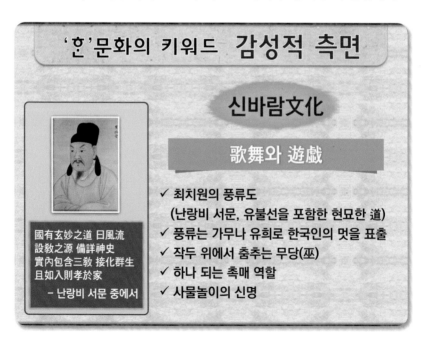

'혼'문화의 키워드 **감성적 측면**

신바람文化

歌舞와 遊戲

✓ 최치원의 풍류도
 (난랑비 서문, 유불선을 포함한 현묘한 道)
✓ 풍류는 가무나 유희로 한국인의 멋을 표출
✓ 작두 위에서 춤추는 무당(巫)
✓ 하나 되는 촉매 역할
✓ 사물놀이의 신명

國有玄妙之道 曰風流
設敎之源 備詳神史
實內包含三敎 接化群生
且如入則孝於家
 - 난랑비 서문 중에서

그래서 사물놀이를 하는 것을 보면 여러분들 어깨춤이 저절로 덩실덩실 나잖아요? 다른 민족인 서구 사람이나 일본 사람들은 죽어도 이게 안 되거든요. 우리는 이게 됩니다. 신바람 나는 거예요. 최치원이 「난랑비서문」에서 '나라에 현묘한 도가 있으니 왈풍류라.' 풍류도가 있다. 교의 근원을 선사에서 이미 다 설명이 되어 있었고, 진실로 삼교가 다 포함되어 있다. 풍류에는 삼교 유불선이 다 포함되었다. 접화군생接化群生이라. 뭇 생명들이 이 삼교하고 접하면서 감화를 받는다. 그러므로 화랑들은 집에 들어가게 되면 바로 부모님께 효도를 한다. 우리는 유불선이 뒤에 들어오는 것이라 생각하지만, 이 「난랑비서문」에 의하면 이미 우리 풍류도에서는 이게 잠재해 있었다는 얘깁니다.

강강술래하고 있는 모습입니다. 아주 신명이 나는 모습이죠? 춤추는 무당도 신이 걸렸죠. 강신이 된 상태입니다. 작두에 올라가도 상처가 안 나는 상태입니다. 그러니까 신명이라는 것은 절대자인 신이 와서 나를 밝혀주는 상태입니다. 그래서 하나 되는 촉매역할을 하는 것이 가무와 유희입니다.

엑스터시

그런데 엑스터시ecstasy라는 것이 나오죠. 이게 뭐냐 하면 사람이 자기를 잊어버리는 상태입니다. 여러분, 무당들도 신을 내려 받으면 자기가 없어지죠? 한참 신명이 나면 망아, 엑스터시가 되어 몰입이 되면서 도의 경지와 통하게 됩니다. 신의 경지로 들어가게 되는 겁니다. 생명력, 창조성, 예술 하는 사람이 어떤 일에 몰입을 하게 되면요, 내가 생각하지 않았던 괜찮은 이미지가 머릿속에 막 떠올라요. 최고의 천재가 누구냐 하면 모차르트입니다. 그 양반은 작곡을 하려고 생각만 하면 머릿속에서 악보가 떠올라서 곡을 썼습니다. 그러면 얼마나 신통하고 좋겠어요.

그런데 그것이 그냥 되는 것이 아니에요. 그 속에 빠져있어야 되는 겁니다. 몰입을 하지 않으면 절대로 그런 경지에 못 갑니다. 예를 들면 에디슨이 어떤 실험을 하는데 99번 틀리고도 계속 하는데 안 되고 안 되고 하니까, 옆에 있던 조수가 "선생님 지금 그 실험을 99번째 했는데 또 더 하실렵니까?" 하니, "이 사람아, 99번 안 되는 방법을 우리가 공부했지 않느냐." 이러거든요. 몰입이 되지 않으면 창

'혼'문화의 키워드 감성적 측면

신바람文化

歌舞와 遊戲

- ✓ Ecstasy(忘我境地): 沒入과 道, 生命力噴出, 創造性, 神人合一경지
- ✓ 神明은 道로 가는 길
- ✓ 하나가 될 때 폭발적인 에너지 분출

- ✓ 신바람의 '혼'은 우리민족의 문화 '용광로'
- ✓ "도덕은 울타리가 있되 경직되지 않고
  가무는 신명을 다하되 심미적 멋을 잃지 않는다."

조성이 발현되지 않아요.

왜 신바람이 나는 것이 좋으냐 하면, 이런 몰입이 가능하다는 것입니다. 신명은 도道로 가는 길이죠. 하나가 될 때 우리는 폭발적인 에너지를 냅니다. 예를 들어, 남녀가 하나가 되는, 처음에 제가 말씀드렸는데, 한문화의 핵심은 하나 되는 겁니다. 연인 둘이 하나가 되죠. 하나가 되었을 때 폭발적인 에너지가 나오는 거예요. 그때는 아무 것도 생각이 안 나는 겁니다. 여기 말하는 엑스터시가 되는 거잖아요. 엑스터시가 되어야 아들 딸을 낳지, 그거 안 되면 어떻게 낳겠어요? 그것은 죽었다 깨어나도 안 되는 겁니다.

신바람의 한은 우리 민족문화의 용광로라고 얘기를 합니다. 저는 그렇게 생각을 하는데, 이런 신바람도 긍정적으로 미치는 것은 괜찮은데, 부정적으로 미치는 것은 문제가 있습니다. 긍정적으로 가면 창조성이 나오는데, 부정적으로 가버리면 어떻게 되느냐 하면, 맹신이 되거나, 아니면 배타적이거나, 아니면 여기에 대해서 한을 품게 됩니다. 오뉴월에도 서리가 내린다는 속담처럼 되는 거예요.

이성에서 말한 순리문화順理文化와 감성에서 말한 신바람 신명, 이 두 가지 관계를 보면 도덕은 울타리가 있되 경직되지 않습니다. 왜 그러냐 하면 신바람이 있기 때문에 경직되지 않죠. 가무, 신바람은 아주 신명을 다하지만 심미적인 멋을 잃지 않는다, 순리 때문에. 이 두 가지가 서로 조화와 균형을 이루도록 되어 있다는 거예요. 이것이 우리 문화의 아주 멋진 장점이에요.

새의 날개가 있죠? 새의 날개 한쪽은 이성, 한쪽은 감성이라는 얘기입니다. 이성의 순리문화와 감성의 신바람 문화가 새의 양 날개처럼 조화와 균형을 이루어간다. 이것이 우리 한문화의 에센스입니다. 여러분은 아마 처음 듣는 분도 있을 테고, 들었던 분도 있을 겁니다. 여러분이 한문화의 무엇이 특색인지, 한문화가 무엇인지 물을 때 이렇게 설명을 하면, 이 설명들이 하나도 거슬리지 않는 것은 이 이야기가 우리 DNA속에 전부 녹아 있는 말이기 때문입니다.

3. 기층적 측면의 '훈'문화

정성문화 : 정情

기층적인 것, 새의 양 날개가 순리와 신바람이었다면 몸통은 무엇인가 하면 바로 기층문화에 나옵니다. 기층적 문화로 보면 바로 정情이죠. 정성문화라는 것입니다. 농경사회는 미작사회죠. 쌀 미米 자를 해자(파자)하면 팔십팔八×八이란 숫자가 나옵니다. 논에 몇 번 나가야 쌀이 되느냐? 88번을 나가야 한다, 그래야 쌀 한 톨이 나온다는 얘기입니다. 그게 무슨 뜻이냐? 뜻이 있다는 것이 아니라 정성을 기울이지 않으면 농경사회가 유지되지 않습니다. 정성이라는 것이 무엇이냐 하면, 오늘 21세기 IT문화가 정성이 바탕이 되는 것입니다. 기계가 씨앗을 뿌리고 기계가 다 거둬들이고? 이게 아니라는 것입니다. 이것과는 다르다는 것입니다. 근원적으로 정성을 드린다는 것은요.

예를 들어, 모를 심어 자라서 벼가 열매 맺을 때까지 내가 어떻게 생각하느냐? 농부는 논을 내 몸처럼 생각합니다. 내 자식처럼 생각합니다. 맞지요? 시골 할아버지 할머니들은 논을 바로 내 몸처럼 생각을 한 거에요. 그런 게 안 되면 미작문화가 안 됩니다.

왜 한류가 뜨는지 압니까? 정, 끈끈한 정, 그것을 보면서요. 일본 문화는 그런 것이 없습니다. 모녀간에도 선이 있습니다. 그래서 일본 아이들이 욘사마 배용준한테 반하는 게 이런 것 때문에 그렇습니다. 여러분, 정과 사랑은 다릅니다. 사랑이라는 것은 '내가 너를 사랑한다' 일방적인 거예요. 정情이라는 것은 발효를 해야 합니다. 발효가 되지 않은 사랑은 정이 아닙니다. 얼마든지 사랑한다 할 수 있지만, 그게 발효가 되어 새로움을 창조해나가는 그런 것이 아니면 정이 아니거든요.

'혼'문화의 키워드 기층적 측면

精誠文化: 情

精誠文化

✓ 농경사회(米는 八十八번)
✓ 순리에 어긋나지 않고 최선을 다하는 자세가 한국인의 기본품성
✓ 地人合一의 경지
✓ 토지에 대한 애착
✓ 희랍신화의 Pygmalion효과(정성을 다하라)
✓ 심리학의 Stigma효과(부정적인 생각을 버려라)
✓ 병리학의 Placebo효과(확고한 신념)

정문화

여러분들, '우짜노?' 이런 말이 있습니다. 여기에 정이 깔려있는 것입니다. 우리나라 정문화의 핵심을 알 수 있습니다. 여러분, '워낭소리'라는 영화가 있었죠? 이 영화가 300만 명을 돌파했다고 합니다. 그런데 그 영화 찍는데 얼마 들었나? 순 제작비는 1억이 안 들었다고 알고 있습니다. 그런데 300만이 그것을 봤다고 하면 대박 중에 하나겠죠. 지금까지 한국영화 최고의 대박이 무엇이냐 하면 해운대라고 합니다. 1,100만 명이 왔는데, 그러면 그 '워낭소리'는 여러분 뭡니까? 주인공이 소하고 하나 되는 거죠? 한 식구죠? 나중에 병들어 죽었을 때 어떻게 합니까? 묻어주죠? 장사지내 줍니다. 그러면 소라고 생각을 하는 것이 아니죠? 바로 그게 마누라고, 그게 아들이고, 그게 내 형제인 겁니다. 내 몸처럼 생각하는, 그게 바로 한국인의 정문화입니다. 이게 다른 나라에서는 못하는 것입니다.

펄벅 여사가 왔을 때, "제일 시골로 가자." 시골로 가서 달구지에 벼를 잔뜩 싣고 소를 끌고 가면서 자기도 지게에다 벼를 잔뜩 지고 가는 모습을 보고 펄벅이 "차를 세워라. 내가 한국에 와서 보고 싶은 것이 바로 저거였다. 만약에 미국에서 그렇게 했다면 저렇게 지게를 메기는커녕 거기 올라탔을 것이다." 그런데 그 농부는 올라타고 가는 것이 아니라, 자기도 지고 소도 끌고 갑니다. 그것이 우리 정문화입니다. 영화 '워낭소리'가 잘 담아냈고, 우리 정문화에 대해서 그런 것에 대한 향수가 있었기 때문에 그 영화를 본 것입니다. 얼마나? 300만 명이나.

예를 들어, 그 영화를 미국에서 상영한다고 하면 그 영화 참 웃기는 영화라고 끝날 거예요. 많이 보지도 않을 겁니다. 1시간 30분 동안 지겨울 거예요. 그러나 우리는 그것을 보면서 눈물겨운 것을 느낍니다. 향수를 느끼는 거예요. 그것이 우리 정문화입니다.

피그말리온 효과

희랍신화에 나오는 피그말리온Pygmalion 잘 아시죠? 대리석으로 여자 조각을 만들어 놓고 보니까 너무 예쁜 거예요. 이 여자가 살아 있으면 좋겠다 하고, 미의 여신 아프로디테Aphrodite에게 가서 살아있게 해달라고 하죠. 그래서 이 여인과 살았다는 얘기인데요. 지극한

'훈'문화의 키워드 기층적 측면

精誠文化: 情

情文化

- ✓ 한국인은 情으로 뭉치면 로마군단보다 강하다
- ✓ 韓流가 뜨는 이유도 끈끈한 情 때문이다.
- ✓ 이웃사촌
- ✓ 우리(울+이)
- ✓ 情과 사랑의 차이
  : 사랑은 일면성, 情은 양면성 醱酵된 사랑이 情이다.

정성을 가하면 뭐도? 조각도 사람이 될 수 있다. 그런 것이 피그말리온 효과라는 것입니다. 그 만큼 정성을 다하면 달라진다는 얘기입니다.

심리학에서 말하는 스티그마stigma 효과, 낙인이 찍히는 거죠. 하버드 대학에 교수가 있었는데 아버지도 하버드 대학의 교수였어요. 하버드 대학 교수가 아들을 키우면서 자식에게 늘 너는 형편없는 놈이라고 그렇게 구박을 주었단 말이에요. 아들 하버드 대학 교수가 나이가 많아서 대학에서 강의를 하면서도 '나는 형편없는 사람이라'고 그렇게 생각을 했다고 합니다. 이게 스티그마 효과입니다. 그러니까 부정적인 생각을 버리라는 것입니다.

그것과 반대되는 것이 병리학의 플라시보placebo 효과입니다. 예를 들어 밀가루를 개서 약을 만들었다고 합니다. 많이 아픈 사람에게 이것을 먹으면 너는 틀림없이 나을 것이라고 하면 그 사람이 싹 낫죠? 이게 플라시보 효과입니다. 정문화와 아울러 정서문화가 우리나라뿐만 아니라 세계적으로 병리학, 심리학적으로 증명이 됩니다.

정문화를 보면서 한 마디 덧붙이면, 한국인은 정으로 뭉치면 로마군단보다 강하다! 이것을 누가 말했나 하면, 프랑스의 신부가 우리나라에 와서 보고 참 한국 사람들 이해를 못하겠다는 거예요. 이해를 못한다는 표현을 이렇게 했어요. '한국인은 정으로 뭉치면 로마군단보다 강하다.' 이런 표현을 한 것입니다.

예를 들면, 『동사강목』에 보면 이런 재미있는 일화가 있어요. 서거정이 친구 집에 놀러 가서 보니, 친구가 참 짠돌이였나 봐요. 짠지와 막걸리를 대접했다고 해요. 서거정이 보니 먹을 게 없는 거예요. "자네 술상을 보니 안주가 없는 것 같은데, 내가 타고 온 말을 잡자!"

주인이 번뜩 드는 생각이 말을 잡는 것은 좋은데, "그럼 너 돌아갈 때 무엇을 타고 갈 거냐?" 묻는 거예요. "뭐타고 가긴, 너희 집 씨암탉 타고 가면 안 되나?" 어쩌란 말이죠? 씨암탉을 잡으라는 말이죠? 그러니 "이제 알았다, 내가 잡지."

그것이 정情입니다. 이것은 다른 나라 사람들은 이해를 못하지요. 야! 내가 미쳤나, 암탉을 잡게? 이렇게 말할지 모르지만요. 우리나라 사람들이기 때문에 이 얘기가 서로 통하는 것입니다. 아, 서거정이 지금 반찬 없다고 투정하는구나. 그럼 우야노. 천상 암탉을 잡아야지. 이게 우리문화예요. 그런 것들이 정으로 뭉치면 로마군단보다 강하다는 이유가 여기에 있는 것입니다.

'우리'라는 말은 울 + 이. 울 안에 있는 모든 사람이란 말이죠. 예를 들어서 내 마누라 하지 않고 우리 마누라라고 하죠? 이상한 발상이라고 생각하죠? 우리 마누라 하면 복수잖아요? 그러나 우리한테는 복수가 아닙니다. 'We'란 말은 복수지만, 우리가 말하는 '우리'는 복수가 아니에요. 예를 들어 우리 회사라고 하잖아요? 이런 말은 서구 사람들은 이해를 하지 못합니다. 왜 우리 회사냐? 내 회사? 그런데 우리에겐 내 회사라고 하면 내가 주인이 된 회사잖아요? 우리 회사라고 하면 자연스럽잖아요.

어떻게 그렇게 되는지 봅시다. 아까 정과 사랑을 얘기했죠? 사랑은 일방적입니다. 정은 주고받는 것입니다. 짝사랑도 사랑이잖아요. 내, 너 좋아한다. 상대가 안 받아줘도 사랑은 사랑입니다. 너는 안 받아줘도 나는 너를 끝없이 사랑한다. 그러면 사랑으로 끝나지 정은 아니라는 것입니다. 그런데 발효된 사랑이라야 정이 된다는 것입니다. 발효된 사랑의 뜻이지요. 우리 문화에서 보면 그냥 날 것이 거의 없습니다. 문화 자체가 모두 김치니 뭐니 다 발효시키고 뜸 들이고 이런 과정을 다 거칩니다. 거치기 때문에 정이라는 것은 차원이 사랑과는 다릅니다. 한 차원 더 성숙된 차원이죠. 이렇게 보면 여러분들이 무슨 얘기인지 이해가 되실 겁니다.

'워낭소리'에서부터 시작해서 여기 '우리'까지 쭉 봤습니다. 예를 들어, 미국 사람들과 같이 노래방에서 노래를 하고 그러잖아요? 한국사람들은 대체로 어떤 노래를 부르냐면 고향 노래를 많이 부르죠. 미국 친구가 한국말로 물어요. "고향이 어디냐?" "내 고향은 대구다"라고 하면, "대구가 여기서 얼마나 되느냐?" "한 40Km다. 버스로 가면 한 시간 정도 가면 된다." "그럼, 고향을 못 잊어서 노래를 부르는데, 한 시간이면 가는데 뭐 그렇게 못 잊을 것이 있어서 그런 노래를 부르느냐?" 합니다. 그 사람한테 어떻게 설명을 해야 합니까?

언젠가 산에 소풍을 갔어요. 가서 경치가 좋으니까, 산천초목과 자연이 좋으니 우리는 신명이 나죠. 춤도 추고 노래도 하고 그러는데, 이 친구는 노래하고 신명나는 한국인을 보면 이해가 가지 않는 거예요. 왜 그러냐는 거예요. 그러면서 하는 얘기가 여기 저 산과 이 산을 이어 댐을 막으면 얼마나 많은 경제적인 효과가 나겠냐는 겁니다. 우리 그런 생각 합니까? 산에 와서 산을 막아 댐을 만들면 생산? 이런 생각 안하죠? 우리는 산천 그 자체로 즐기는 거예요.

4. '혼'문화는 하나되는 문화다

천인합일天人合一

예를 들어, 인디언 춤. 생명의 유래라고 합니다. 춤을 많이 추는 것이 그냥 추는 것이 아닙니다. 자연과의 교합입니다. 그것도 혼자 추는 것이 아니라, 집단으로 막 이렇게 추잖아요. 그렇게 추는 것은 전부 내 기와 자연의 기를 합쳐지게 하기 위한 거예요. 그래서 많이 아픈 사람은 숲 속에 들어가라는 거예요. 죽기 직전에 사람을 어디다 집어넣느냐 하면, 정화움막이라고 해서 숲 같은 곳에 집어넣습니다. 아이가 태어나면 제일 먼저 땅을 밟게 하고 하늘에 인사를 시킵니다.

하나 되는 문화다. 하나되고 제일 신명나는 것이 이웃과 자타가 하나 되면 신바람이 나는 것이고, 부부가 하나 되면 금슬이 좋아지는 것이고, 상하가 하나 되면 폭발적인 에너지가 나오는 것이고 그런 것입니다.

예를 들어, 지난 번 월드컵 4강에 갈 때, 그 때 서울 시청 앞 광장에 사람들이 수십 만 명 모였잖아요. 프린스턴 호텔 위에서 내려다

보면서 외국 기자들이 무엇을 얘기하느냐면, "야, 사람들 이렇게 많이 모이는 것 보니까 틀림없이 여기 문제가 많이 일어날 거다." 왜 그러냐면, 미국에서 그렇게 많이 모이면 법이 지배할 수 있습니까? 없죠. 법이 없어지면 자유라고 생각합니다. 우리 생각과는 다릅니다. 그네들은요. 내란이 일어난 곳에 가면 슈퍼마켓에 절도가 일어나는 것이 다반사에요. 법이 없어지니 내가 마음대로 해도 된다고 생각합니다. 서양인들은 법이 규정하고 있는 곳에서만 내가 구속을 받고 법이 규정하지 않는 그 밖에는 전부 자유라고 생각합니다.

그 사람들 사고패턴이 우리와는 전혀 다릅니다. 우리는 법이 있지만 법에 우선해서 하늘 무서운 줄 아는, 하늘이 먼저라고 생각하기 때문에 우리하고 서양 사람들은 전혀 다른 패러다임을 갖고 있

4 '혼'문화는
하나 되는 문화다

습니다.

　천인합일, 하늘과 사람이 하나다. 여러분,『동의보감』보신 분 있죠? 동의보감이 사람을 우주 전체와 비교한 것이 있습니다. 뭐냐 하면, 사람 머리가 하늘을 닮아 둥글다. 사람 발이 왜 네모진 줄 아느냐? 땅을 닮았다. 그런데 사람 속에 있는 오장이 화수목금토 오행 기가 우리 뱃속에 다 들어있거든요. 화는 심장, 수는 신장, 목은 간, 그렇기 때문에 간은 목의 기운을 타고 났기 때문에 간을 물속에 띄우면 가라앉습니까? 뜹니다. 그 다음에 금은 뭡니까? 폐죠. 폐는 구멍이 나 있습니다. 물에 뜨지 않고 가라앉거든요. 쇠거든요. 토는 흙이죠. 비장에 와서 들어앉아 있는 거예요. 사람한테 사지가 왜 있는지 아느냐? 그것은 사계절이 있기 때문이다. 사람한테 365개의 마

'혼'문화는 하나되는 문화다

天人合一

하늘과 사람이 하나다

✓ 허준의 동의보감의 구체적 사례
(오장과 오행인 火 水 木 金 土氣의 관련성)
✓ 사람도 天氣의 집적물

디가 있다고 합니다. 동의보감에 있는 내용입니다. 이것은 사람이라는 것은 그냥 된 것이 아니라는 얘깁니다. 12달이 있어 12경락이 있고, 24절후가 있기에 24개의 경혈이 있다. 이런 얘기를 다 설명을 하는 거예요.

예를 들어, 주역을 공부한 사람이 보면 화기火氣를 많이 타고난 사람, 수기水氣를 많이 타고난 사람, 다 구분이 됩니다. 화기火氣를 많이 타고 난 사람은 박대통령을 닮은 사람입니다. 가슴 딱 벌어지고 눈이 무섭게 생긴 사람들입니다. 수기를 많이 타고 난 사람은 아주 여린 사람들, 아주 약한 사람들, 물처럼 유연합니다. 목기를 타고 난 사람은 키가 삐죽한 사람, 이 사람들이 순진한 사람들인데 하늘에서 자꾸 올라오라고 안 하죠? 순진하면서도 키 큰 사람이 싱겁다는 말이 이런 이유가 있습니다. 금기金氣를 많이 타고 난 사람중에 미남 미녀가 많습니다. 금기는 뼈대 아닙니까? 뼈대가 튼실해야하거든요. 미스코리아는 금기를 타고 나지 않은 사람은 안 됩니다. 토기土氣가 많으면 빵빵한 사람이 되어요. 옆으로 벌어지는 사람입니다. 왜? 잘 먹거든요. 잘 먹으면 어디로 가겠어요? 살로 다 가죠. 소화를 잘 시킵니다. 토土는 비장이잖아요. 천하의 이치가 자연과 하나도 다를 바 없다. 사람도 천기의 집적물입니다. 이제 이 말 이해가 가죠?

사람과 지인합일이라고 그랬죠? 하늘뿐만 아니라, 땅과도 사람은 관계가 있습니다. 예를 들어 경상도 사람, 전라도 사람, 강원도 사람 좀 다르죠? 다 같은 사람이지만 다 다릅니다. 지기를 타고 났기 때문에 그렇습니다. 전라도 어디에 가면 쌍봉이라는, 봉우리가 두 개인 산이 있습니다. 그 마을에 쌍둥이를 18쌍 낳았다고 합니다. 부엌에 앉으면 쌍봉이 보이는 쪽으로, 그렇게 있는 집에서만 쌍둥이 18쌍이 나왔다. 거짓말이 아니거든요. 지기와 관련이 있습니다. 땅도 사람도 결국은 하나라는 것입니다.

풍수지리설에 동기감응론同氣感應論이 있습니다. 같은 기운이 함께 감응해 서로 주고받는다는 얘깁니다. 이게 풍수지리설의 기본 학설이에요, 동기감응론. 감응을 할 때, 무슨 얘기를 하느냐면, 여러분 밤나무 있죠? 밤나무의 밤은, 다른 것은 다 썩는데, 그 씨 밤은 썩지 않는다고 합니다. 밤이 썩지 않고 있기 때문에 옆에 있는 밤알을 따서 낳은 흙도 그 밤과 교감을 한다고 합니다.

우리 풍수지리상에서 보면 좌청룡 우백호라 하고, 여러분들이 참 희한한 그림이라는 생각이 들죠? 우리나라가 딱 보면 지구의 혈입니다. 우리나라에서 나는 나물 있죠? 모든 음식이 중국이나 다른 나라와는 다릅니다. 여기에 혈이 있기 때문이에요. 태평양에 있는 고기가 우리나라 동해, 서해, 남해에 몇 일 지나면 그 고기 맛이 훨씬 좋아진다고 합니다.

원양업에서 잡아온 고기보다 우리나라에서 잡은 고기, 굴비가 맛있는 이유가 그런 까닭입니다. 우리나라 인삼, 그것은 우리나라에서만 되는 거예요. 그 씨앗을 중국에 뿌리면 그 맛이 나오느냐? 사포닌이 그만한 함량이 되느냐? 효능이 좋으냐? 함량이 안 된다는 거예요. 그만큼 우리나라 지리가 좋은 겁니다.

지구의 혈穴

『춘생추살』책에 나온 이 그림이 가장 잘 설명을 한 것 같아요. 그래서 제가 인용을 했는데요. 여러분 나물, 고기만 맛이 있느냐? 아닙니다. 그 땅에서 자라난 아들딸도 세계 어느 나라에 가도 총명하고 머리 좋고 IQ도 EQ도 좋은 거예요. 그래서 우리나라 해방 후 생각해보세요. 1960년대 우리나라 국민소득이 80불 정도였습니다. 오바마가 케냐에 가서 뭐라고 그랬습니까? 옛날에 케냐는 300불이었고 한국은 80불이었는데 지금 어떻게 되어있느냐고. 자기 고향에 가서 물었습니다. 한국을 배워라. 그런데 배운다고 되는 것이 아니죠? 사람들이 이렇게 똘똘 뭉쳐있고, 너무 잘 하니까, 아예 타고난 기질이 괜찮으니까 그거 지금 40년 반세기 안 되어 우리가

출처 : 『천지의 도 춘생추살』, 증산도 안운산 태상종도사 著

세계 11위 가는 것입니다. 아무나 하는 것이 아니에요. 지인합일地人合—입니다.

예를 들어, 백운학씨라고 알아요? 대원군 시절에 있었던 최고의 관상학자입니다. 스승에게 사사를 받을 때, "내가 네 관상을 보니 너는 애꾸가 되어야 잘 되겠다." 이런 말을 듣고 자기 스스로 눈을 지집니다. 눈 하나로 스승한테 사사를 받았어요. 그래서 최고의 관상쟁이가 되는데요. 요즘도 '백운학 관상소'라는 것이 전국에 100여개 있다고 합니다. 그 사람이 워낙 유명했으니까.

어떻게 유명해졌냐하면요. 이 사람이 대원군을 찾아갔습니다. 그 당시 고종의 아명이 명복이었습니다. 7살 때인가 3년 후에 왕이 되잖아요. 명복도령이죠. 마당에 나와 놀고 있는 것을 보고 "앉으십시오, 폐하!" 아이가 이상하게 생각하면서 앉았단 말이에요. 거기에 "부디 만수무강하십시오" 하고 절을 했단 말입니다. 그러니 아이가 쫓아 들어가서 대원군에게 간 거예요. "어떤 애꾸 눈을 한 과객이 나에게 폐하라고 합니다." 그래서 대원군이 그 사람 빨리 모셔라. 백운학이 들어갔죠. "앞으로 3년 후면 폐하가 됩니다." 대원군이 고종을 왕위에 올리려고 갖은 방법을 동원했죠. 할아버지 묘도 새로 쓰고 했단 말입니다.

그러니 "정말이냐?" "아, 그렇다." 그러면 복채라고 하잖아요? "복채를 얼마 줄까?" "필요 없다. 3년 후에 고종이 왕위에 올랐을 때 그 때 달라." "그래라." 대원군도 손해나는 것이 아니잖아요. 그래서 3년 후에 찾아옵니다. 나귀 3마리를 데리고 대원군을 찾아가잖아요. 이제 "내가 복채를 받으러왔다. 나귀 3마리에 돈을 실으러 왔다." 대원군이 주고말고지요. 주고 인사를 하면서 한 가지 소원이 더 있습니다. 죽어서 지방을 쓰잖아요? 벼슬이 없으면 학생부군學生府君입니다. 여자들도 정경부인, 정부인이 안 되면 유인孺人이잖아요. "내 고향 청도 군수를 하고 싶습니다." "그래라." 그렇게 해서 청도 군수를 했잖아요?

내가 왜 이 얘기를 하냐면요. 관상이라는 것이 미신이 아닙니다. 우리말에 이런 말이 있습니다. '얼굴보고 이름 짓는다.' 모습 보면 그 사람의 형태가 다 나옵니다. 왜? 오장에서 나오는 화수목금토의 기가 다 나타나게 되기 때문에, 그러니까 관상을 하는 사람은 다 짚는 거예요. 너는 어떻겠다 하고.

'혼'문화는 하나되는 문화다

地人合一

땅과 사람도 하나다

✓풍수지리설의 동기감응론
✓인디안 패러다임
  (시애틀 추장의 연설, 신생아의 인사, 정화움막)

시애틀 추장의 연설

여러분들 우리가 생각하면 인디언 참, 서부 영화 보면 지고지선은 미국 사람이고, 최고의 악은 뭡니까? 인디언들이지요. 사실은 인디언이 그런 사람들이 아닙니다. 1854년 워싱턴 대통령이 인디언이 차지하고 있는 그 토지를 팔으라고 그랬어요. 팔라고 했을 때 시애틀 추장의 연설이 있습니다.

> 시냇물은 그냥 물이 아니라 선조들의 피고, 우리가 살고 있는 이 땅은 우리 할아버지의 살과 뼈이다. 그리고 바람이 불어오는 바람 소리는 우리 할아버지들의 영혼이 담겨있다. 하늘과 땅 이 모두가 우리 할아버지들의 영육인데 그것을 어떻게 팔고 사느냐? 너는 하늘을 팔고 땅을 사느냐? 나는 이해가 안 간다.

유명한 시애틀 추장의 말입니다. 우리가 흔히 말하는 인디언의 문화를 비하해서는 안 됩니다. 그 사람들이 전부 다 황인종입니다. 옛날에 베링해협을 건너갔던 사람들인데, 콜롬버스가 아메리카를 발견했을 때 8천만 명 정도의 원주민이 있었다고 합니다. 지금 20% 정도 살아있다고 그래요. 그러니까 세계 최고의 비극은 인디언 6천만 명을 죽인 미국이다~ 그렇게 얘기를 합니다. 왜냐하면 자기 문화와 다르면 전부다 원시인이요, 형편없고, 악이고… 이렇게 나가는 이분법적 사고를 하고 있기 때문입니다. 다음 시간에 이 부분에 대해서 설명을 하겠습니다.

난장

난장에 대해서 설명을 했습니다. 시절이 어지러울 때 임금이 뭘 하느냐 하면, 산에 올라가서 석고대죄를 합니다. "하나님 내가 잘못했습니다." 일주일 동안요. 백성들은 개울가에다가 난장을 쳐놓고 그 속에서 마음대로 먹고 마십니다. "두 가지만 하지 말아라. 강도, 살인 외에는 죄를 묻지 않는다." 이 난장이라는 말 때문에 어원이 되어서 난장판이라는 말이 생기게 됩니다. 여기서 임금과 민초들이 하나되는 상하일여上下一如의 사례들을 볼 수 있습니다.

우리 할아버지 할머니들은 저승을 먼 데 있다고 생각을 안 한다고 했죠. 생사여일生死如一이죠. 바로 뒷동산이 내 저승이라고 생각했습니다. 고대 조선의 장례문화는 곽 문화다. 그 안에 다 들어갑니

'혼'문화는 하나되는 문화다

'혼'문화

自他如一문화(우리)

上下如一문화(亂場)

生死如一문화(저승관념)

고대 조선의 葬禮문화 : 槨문화

다. 죽어서도 하나가 되었습니다.

고인돌의 형상은 뚜껑이 하늘을 표시하고, 받히고 있는 기둥은 땅을 형상합니다. 여기 뚫려있죠? 여기 예전에는 다 막혀있었습니다. 막힌 이 사이에 사람 시신이 들어있는데, 사방은 땅을 상징하는 겁니다. 천지인이 모여 있는 곳이 바로 고인돌입니다.

5. '흔'은 생명이다

한은 생명이다. 이것이 3강의 결론이 되겠습니다.

한은 생명이다는 것은 장자를 공부하는 분들은 다 알죠? 남방왕 숙儵과 북방왕 홀忽이 중앙의 왕 혼돈混沌의 초대를 받아 갔다. 대접

을 잘 받고, 어떻게 보답을 할지 논의하다 보니, 인간은 얼굴에 일곱 개의 구멍을 갖고 있어 그 구멍으로는 보고, 듣고, 먹고, 숨을 쉬는데 혼돈에게는 이것이 없으니 구멍을 뚫어주자고 했습니다. 숙과 홀이 혼돈의 몸에 하루에 한 개씩 구멍을 뚫었는데, 일곱 번째 되는 날 혼돈이 죽고 말았습니다. 그런 얘깁니다.

'도를 도라고 얘기하면 이미 도가 아니다'라는 말입니다. 애매모호한 상태에 있는 것이 진리다. 이것은 서구 사람들은 이해를 못하는 부분입니다. 노자가 도가 보이는 것은 요邀고, 보이지 않는 것은 묘妙인데, 그것을 합쳐서 황홀恍惚이라는 말로 표시했다. 우리가 황홀하다는 말은 이 말에서 기원합니다. 숨어있는 도와 보이는 도를 합친 의미입니다.

'훈'은 생명이다

① 숙홀의 비유
✓ 남방왕 숙과 북방왕 홀이 중앙왕인 숙홀의 초대 ⇒ 사단발생

② 道家
✓ 道可道 非常道, 曖昧模糊

③ 노자
✓ 道가 보이는 것을 邀, 보이지 않는 도는 妙, 恍惚로 표현

④ 동이족이 활 잘 쏘는 이유
✓ 어림짐작, 平靜心은 내 마음과의 合一

⑤ 광대의 줄타기
✓ 오랜 연습으로 줄과 내가 하나 된 상태

동이족이 활 잘 쏘는 이유는 어림짐작을 해 평정심을 유지하기 때문이랍니다. 우리가 양궁을 제패하고 있잖아요? 활과 내가 하나 되어서 그렇다고 합니다. 여러분 광대가 줄 타는 것 있잖아요? 줄과 광대가 하나 되는 것입니다. 전혀 이게 움직이지 않아야 합니다. 점점 줄어들어서 이 상태와 하나 되는 것, 이렇게 되어야 이 사람이 신기神技, 귀신이 곡할 정도의 기술을 발휘할 수 있습니다. 하나 되는 것이 이렇게 중요한 것입니다.

이 세상에서 가장 큰 진리는, 예를 들어 내가 농사를 지으면 농사 짓는 것과 하나 되어야 하고, 결혼을 했으면 부부간에 하나가 되어야 하고, 내가 아들딸을 낳았으면 아들딸과 내가 하나가 되어야 합니다.

'혼'은 생명이다

⑥ 공자의 비유 : 習
✓ 날개(羽)가 알(卵)을 품는 형상

⑦ 서구의 舊約
✓ 혼돈을 부수고 천지창조

⑧ 오캄의 면도날
✓ 아리숭한 것은 철저히 베어내다

⑨ 서양의 1m와 한국의 한 자(척)

⑩ 엿장수와 희랍신화의 해적의 차이

공자도 습習이라고 했죠. 습習 자는 날개가 알을 품는 형상이죠. 진리의 길을 가려면 날개가 알을 품는 형상처럼 해야 한다고 합니다. 뭐든지 하나 생각해놓고 계속 생각해봐라. 그러면 통한다. 우리 용어에는요.

저는 시를 쓰는 사람이기 때문에 거의 일주일에 한 번 칼럼을 쓰는데요. 쓰면서 이게 꼭 맞는 단어가 있는데, 생각이 안 나요. 생각이 안 나는 것을 내 머릿속에 심어버리고 자고 일어나면 새벽에 그 단어가 생각납니다. 왜 그러냐면요. 내가 아닌 무의식이, '주인이 지금 고생을 하는 모양이다. 그것을 찾아주자' 하고 온 동네를 수소문해서 끄집어내어 올라오는 거예요. 그래서 그 말을 집어넣으면 천지가 다 통하는 것입니다.

그러면 글 쓰는 사람들 무릎을 칩니다. 여러분, 예술 하는 사람들은 다 마찬가지인 것입니다.

혼돈

서구의 구약은 혼돈을 부수는 것이죠. 천지창조! 박살내는 것부터 시작을 하는 겁니다. 왜? 분명하지 않는 것은 전부 죽여라. 오캄의 면도날. 오캄은 중세의 유명한 철학자입니다. 어리버리하고 분명하지 않는 것은 전부 죽여라. 이게 오캄의 면도날입니다. 확실히 해라. 확실히 하고 보니 남는 게 하나도 없더라. 사실 이 세상 확실한 게 있습니까? 여러분, 있어요? 다음 시간에 과학에 대한 이야기가 나오지만, 확실한 게 없습니다. 요즘 불확정성이라고 하는데, 세상이 불확정한 것보다 여러분들 당장 내일이 어떻게 될지 자신 있게 아는 사람 손들어봐라. 없잖아요? 없는 거예요. 불확실한데, 서구 사람들이 잘못 생각하는 것이, 확실하다고만 생각하는 거예요.

한국의 한 자(尺)는 팔꿈치에서 손까지 길이입니다. 아이들의 길이와 어른의 길이가 다르죠? 다르지만 우리 문화에서는 그것을 묻지 않는다는 것입니다. 줄다리기 있죠? 서양 사람들은 줄다리기를 어떻게 하냐면, 숫자 몇 명, 50:50으로 가르잖아요. 그러나 우리나라의 줄다리기는 인원수를 묻지 않습니다. 그게 관례에요. 서양의 1m는 자오선의 천만분의 일이죠? 그것이 우리 언어와의 차이입니다.

그 다음에 엿장수와 희랍신화의 해적의 차이도 재미있는 비유가 됩니다. 엿장수는 마음대로 끊어서 주지요? 희랍신화에 나오는 해적은 어떻게 하냐면 프로테우스의 침대라고 해서, 사람이 오잖아요? 사람의 발이 쑥 나오면 발을 끊어버리고, 침대와 사람이 안 맞으면 망치를 가져와 맞추는 겁니다. 이게 희랍신화 해적의 이야기에요. 이것이 우리문화와 서구문화의 큰 차이입니다.

한문화의 본질은 하나 되는 문화였고, 이성적으로 순리문화 감성적으로는 신바람문화 기층적인 측면에서는 정의 문화였습니다. 결론적으로 말하면 한문화의 키워드는 하나 되는 것이고, 그 하나는 생명이다. 이것으로서 3강을 마치겠습니다.

제四강 한은 보편문화다

제4강
'흔'은 보편적 가치다

여러분, 반갑습니다. 지난번 3강에서는 우리 한
문화 키워드의 핵심되는 개념들을 훑어보았습니
다. 이번 4강에는, 그렇다면 그런 한문화의 핵심
개념들이 과연 세계적인 보편성을 가지느냐? 이
부분에 대해서 강의를 하겠습니다.

아주 옛날 얘깁니다. 알렉산더 대왕이 누더기와
옷 한 벌로 일생을 산 디오게네스란 철학자를 찾
아갔어요. 가서 신이 무엇이냐고 물었어요. 물으니
까 디오게네스가 나에게 딱 하루만 말미를 달라고
했어요. 하루 지나서 다시 왔습니다. "선생님, 신이
무엇입니까? 대답을 들으러 왔습니다." "한 이틀만
더 여유를 달라." 그래서 다시 되돌아갔어요. "이
틀이 지나 선생님 이제 대답이 나옵니까?" 그러니
"한 삼일을 더 기다리라."

그러니 알렉산더가 모르면 모른다고 하지 왜 사
람을 헛걸음을 시키냐고 투정을 하니 디오게네스

의 얘기가, "처음에 장군이 나한테 물었을 때 하루만 하면 될 줄 알았다. 그러나 생각해보니 간단하지 않더라. 이틀, 삼일, 사일… 생각하면 생각할수록 신이 뭔지 모르겠더라." 이 얘기가 대답입니다.

생각하면 생각할수록 모르겠더라~ 하는 것이 21세기의 화두입니다. 특히 물리학이 그렇습니다. 이미 우리 선조들은 이 부분에 대해서 아주 해박한 지식을 갖고 계셨어요. 그런 의미에서 이 얘기를 우리 민족의 사상과 퍼지이론으로 관련지어 설명해 보겠습니다.

1. 퍼지이론과 '훈'

퍼지이론이란 알렉산더 대왕이 대답이 안 되는 것, 이것인지, 저것인지 알 것 같은데 애매모호한 것, 애매모호하면서 답이 나올 것 같은데 한참 생각해보면 또 모르겠는 것, 이런 것이 퍼지란 개념으로 만들었는데요. 이것을 주장한 학자가 버클리 대학의 자디 교수입니다. 이란 사람인데요. 동양사람 아닙니까?

이 분이 버클리 대학 동료 교수들과 파티를 하는 자리에 전부 동부인을 해서 앉았는데, 남자들이 앉아서 차를 마시며 누구 부인이 제일 예쁘냐? 농담으로 하잖아요. 아무개 부인은 보니 눈은 이쁜데 키가 그렇다. 이런 얘기들…. 얼굴은 그렇지만 저 부인은 마음이 참 이쁘다. 오고가면서 얘기를 하다 보니 도무지 어느 교수 부인이 예쁜지 해답이 안 나와요. 좋은 점도 있고 나쁜 점도 있고….

집합개념

여기에 자디 교수가 착안을 합니다. 현재 집합개념이란 것이, 예를 들어 좋은 것 나쁜 것 이렇게 되었는데, 좋은 것도 아니고 나쁜 것도 아닌 중간에 애매모호하게 있는 것도 하나의 집합을 만들자. 그것으로 집합을 만든 것이 퍼지집합입니다.

퍼지집합에서 중요한 것이 애매모호한 것입니다. 종래 집합이론은 이런 아리송한 부분은 오컴의 면도날이라 해서 다 지워버렸거든요. 그런데 퍼지이론으로 이것도 하나의 학문으로 하자. 이렇게 한 것이 자디 교수의 퍼지이론입니다. 가전제품의 인공지능에 이것이 응용되면서 상당히 대박행진을 하고 있는데요. 다른 말로 퍼지란 개념을 정확하게 정립을 하면 분간하기 힘든 사이와 간격으로 흐릿

퍼지Puzzy 이론과 '훈'

- ❀ 버클리 대학 자디 교수이론
- ❀ 美人論이 이론의 발단
- ❀ 애매모호한 집단에 착안
- ❀ 종래 집합이론은 아리송한 부분은 제외
  → 퍼지집합으로 명명
- ❀ 가전제품의 인공지능에 응용

퍼지란, 분간하기 힘든 사이와 간격으로 흐릿한 것

한 무엇, 이것이 퍼지입니다.

알렉산더 대왕이 신이 무엇이냐고 물었을 때, 모르겠다, 애매모호하다. 그것이 퍼지이론이란 것입니다. 그렇다고 신이 없는 것은 아니다. 그런데 뭐 잘 모르겠다. 이게 퍼지이론이란 것입니다.

한국인의 통념에 이런 퍼지집합이 많습니다. 가만히 생각해보면 우리 어머니들이 무슨 말씀을 하시냐면 "열 손가락 깨물어서 안 아픈 손가락 없다"라고 하죠. 이것이 퍼지개념입니다. 사실이 열 손가락 깨물어서 안 아픈 손가락이 없잖아요. 살아있는 생물인데.

보통 영어에서 노랗다는 옐로우로 끝나는데, 우리는 노랗다, 샛노랗다, 누렇다, 노르스름하다, 누르스름하다. 굉장히 많잖아요? 사실은 노랗다와 샛노랗다가 다르죠. 정확하게 같지 않잖아요. 누렇다도 다르잖아요? 퇴색한 감을 주잖아요. 누르스름하다, 노르스름하다. 이게 퍼지개념입니다. 이미 우리 선조들은 퍼지집합을 다 알고 있었고, 그것을 생활의 지혜로 이용하고 있었다. 이렇게 보면 될 것 같습니다.

스윗그마. 영어로 스윗하면 그냥 달콤하다잖아요. 우리는 새콤달콤하다, 달짝지근하다 등 여러 가지 개념들, 간격이 흐릿하게 같은 개념들이 집합되어 있습니다. 퍼지이론이 그런 얘기인데, 그런 구체적인 예를 들어놓았습니다.

서양과 일본의 창, 한국의 창호지가 다르거든요. 창은 아예 밀폐가 되어버리잖아요. 바깥 온도와 실내 온도가 완전히 차단이 되어버리잖아요. 그런데 창호지, 옛날 농촌에 가면 봉창이란 게 있어요.

바깥 온도와 안의 온도가 상호 교감을 하게 됩니다.

문풍지 철학

문풍지 철학이란 게 있습니다. 우리나라의 옛날 시골집 문을 보면 이가 딱 맞도록 안하고 약간 사이를 두면서 그 사이에 문풍지를 발라놓거든요. 그러면 겨울에 드르르륵 하면서 문풍지가 바람에 떨리는 소리가 납니다. 목수가 이 문짝을 정확하게 못 맞춰서 그렇게 남겨놓은 것이 아닙니다. 의도적으로 그렇게 남겨놓은 것이거든요.

바깥 온도와 방 안 온도를 교감시켜 준 것입니다. 지금 미국 병원에서는 전부 창문을 철거하고 창호지를 바르고 있습니다. 창호지를 바르게 되면 가습기가 필요없다는 얘깁니다. 방 안 온도와 바깥 온

퍼지Puzzy 이론과 '흔'

한국인의 통념에 퍼지집합이 많다.

❀ Yellow, Sweet(다양한 표현)
  노랗다, 샛노랗다, 누렇다, 누르스름하다 등

❀ 서양과 일본의 창(가습기)와
  한국의 창호지(문풍지)

❀ 양지수명(1백 년)과 한지(1천 년)
  → 서구인들이 한지(습도조절) 예찬

도가 창호지를 통해 왔다 갔다 하니까요. 공기 밀도의 균등화를 이루어서 아주 최고도로 쾌적한 실내온도를 유지해서 잠도 잘 잘 수 있고 쾌적한 생활을 할 수 있도록 해주는 겁니다.

여기 양지가 나오고 한지가 나오죠. 양지는 100년을 본다는데, 한지는 1,000년을 봅니다. 그래서 미국 도서관에서는 책을 양지로 하지 말고 한지로 바꾸자는 운동이 일어나고 있습니다. 우리 문화가 5,000년이란 유구한 역사 속에서 지혜를 모아서 이렇게 바뀌었고, 이제 자디 교수가 그것을 개념화한 것이 퍼지이론입니다.

홀로그래피

자하네트 제이브. 노벨 물리학상을 탔어요. 홀로그래피란 발견을

합니다. 좌뇌를 절개한 수술을 받은 아이가 천재가 되었어요. 좌뇌는 논리 추리력이거든요. 수학을 잘 하는 것이 좌뇌인데, 이것을 완전히 제거시켰는데 이 아이가 암기하는 것이 천재란 얘깁니다. 이게 무슨 이야기냐? 20대 젊은 여자가 좌뇌 수술을 했는데, 원래 좌뇌를 수술하게 되면 오른쪽을 못 씁니다. 우뇌에 바람을 맞으면 좌수족을 못 쓰잖아요. 이것을 제거했는데 잘 쓴다는 얘기에요. 이상하다 해서 그것을 연구한 것이 뭐냐면, 좌뇌 속에는 우뇌가 하는 일도 부분적으로 가지고 있다는 얘기에요. 이것만 딱 구별하는 것이 아니라, 우뇌 속에서도 좌뇌가 하는 일을 한다는 거예요. '부분이 전체와 같다'라는 새로운 이론을 전개해서 노벨 물리학상을 탔습니다. 그것을 홀로그래피라고 합니다.

🌸 서양과 일본의 창(가습기)과
　　한국의 창호지(문풍지)

🌸 양지(1백 년)와 한지(1천 년) 수명
　　→ 서구인들이 한지(습도조절) 예찬

2. 현대물리학과 '훈'

훈이 퍼지이론과도 어떤 관계인가를 봤고요. 그 다음에 현대 물리학과 우리 한과 어떤 관계가 있는가? 기계론적 세계관에서 유기체적 세계관으로 바뀌었다. 이렇게 되어있는데요. 기계론적 세계관이 무슨 얘기냐하면요. 뉴턴, 갈릴레이, 이 분들이 주장한 이론인데요. '이 우주 전체는 하나님이 만들었고, 이 우주 전체의 기본단위는 원자다. 지구란 것은 시계 부속품처럼 뜯어 고칠 수도 있고 끼워 맞출 수도 있다. 우주는 기계와 같다.'라는 논리입니다. 이게 기계론적 세계관입니다.

유기체적 세계관

유기체적 세계관이 들어서면서 누가 기계론적 세계관을 완전히 이론적으로 깨뜨렸냐 하면, 아인슈타인입니다. 아인슈타인의 상대성원리 아시죠? 시간과 공간은 절대적이 아니다. 차원이 높아지면 시간과 공간도 늘어나고 줄어든다.

쌍둥이 예화라는 것이 있어요. 초속 33만 킬로로 달리는 것이 빛의 속도잖아요? 빛의 속도로 가면 시간이 정지된다고 합니다. 예를 들어, 쌍둥이가 있는데, 한 사람은 지구에 남아 있고, 한 사람은 빛의 광속으로 달리는 로켓을 타고 갔다. 그 뒤에 돌아보면 이 사람은 아직 청년인데, 여기는 중년이 되어있더라. 이것이 쌍둥이 예화거든요. 그러니 시간과 공간이 절대적이 아니다. 또 우주의 기본단위가 원자로 구성이 되었다 하는 것도 깨어졌죠. 요즘에는 '원자 속에는 소립자, 양자, 전자 이런 것이 있다'는 것은 상식이 되었습니다. 지금까지 말한 세계관이 완전히 바뀐 것이죠.

불확정성 이론

하이젠베르그란 분이 원자를 바라보니 입자와 파동이란 것이 있거든요. 입자가 파동이 되고 파동이 입자가 되고, 그러니 색즉시공 공즉시색, 불교에서 말하는 원칙 그대로입니다. 쉽게 말하면 원자의 원리는 뭐가 뭔지 모르겠더라. 불확정성 이론입니다. 원자를 쪼개어 보니 뭐가 뭔지 모르겠더라. 입자가 파동이 되고, 파동이 입자가 되고. 그렇다고 어떤 원인이 있어 결과가 있는 것은 아니더라. 그

래서 모르겠다. 이것이 불확정성 이론입니다. 그러니까 뉴턴과 갈릴레이의 기계론적 세계관이 근본부터 무너져 내린 것이 20세기 현대 물리학입니다.

이 기계론적 세계관이 유기체적 세계관으로 바뀌게 된 계기가 원자를 쪼개어 보니 입자가 되었다가 파동이 되었다가 이것이 수없이 바뀌지 않습니까. 입자와 파동은 같은 거예요. 파동이 어느 날 가다가 서면 입자가 되는 거고 돌아가면 파동이 되는 겁니다. 여기에 원인과 결과 법칙을 찾을 수 있느냐? 없다는 거예요. 그것이 불확정성 원리입니다. 이게 현대 물리학이 말하는 것입니다.

격렬한 운동을 하고 부단한 상호작용으로 생성 소멸하고 있지만 그 원인이 무엇인지 모르겠다. 불확정성논리에요. 확실한 인과관계

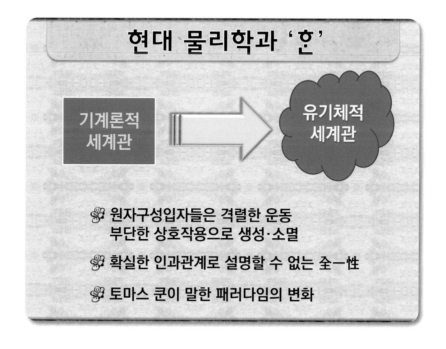

현대 물리학과 '혼'

기계론적
세계관 ➡ 유기체적
세계관

❀ 원자구성입자들은 격렬한 운동
    부단한 상호작용으로 생성·소멸
❀ 확실한 인과관계로 설명할 수 없는 渾一性
❀ 토마스 쿤이 말한 패러다임의 변화

로 설명할 수 없는 전체가 하나이다. 전일성으로 그렇게 얘기를 하거든요. 토마스 쿤이 말한 것처럼 과학 패러다임은 항상 변화한다는 거죠.

카프라의 저서 『현대물리학과 동양사상』 책을 보시면 현대물리학의 이론과 동양사상에 나오는 여러 가지 학설이 신통하게 맞다는 것입니다. 그것을 구체적으로 설명을 했습니다. 캘리포니아대학의 물리학 교수인데, 세계적인 베스트셀러가 된 것이 이 책입니다.

상보성相補性의 원리

닐스 보어란 사람도 상보성相補性의 원리를 주장했습니다. 어떤 것이든 서로 보완하는 것이지 혼자 독보적으로 존재하는 것은 없다

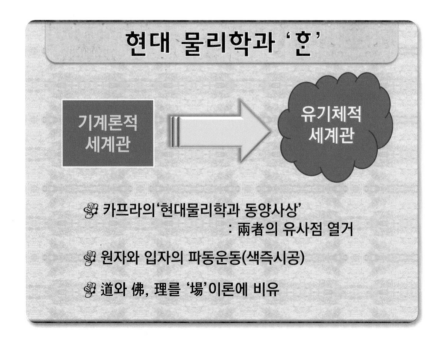

현대 물리학과 '혼'

기계론적 세계관 ➡ 유기체적 세계관

❀ 카프라의 '현대물리학과 동양사상'
　　　　　　　: 兩者의 유사점 열거

❀ 원자와 입자의 파동운동(색즉시공)

❀ 道와 佛, 理를 '場'이론에 비유

고 했거든요. 그렇게 노벨상을 타면서 네덜란드 왕이 귀족 작위를 줍니다. 귀족 작위를 받으러 갈 때 입고 간 옷의 앞가슴에 이것을 붙이고 갑니다. 여러분 이거 어디서 많이 본 거 같지요?

태극이잖아요. 이 태극이 우주원리와 너무 닮았다는 거예요. 그러니까 본인이 이것을 달고 귀족 작위를 받으러 간 겁니다. 나는 동양 주역사상에 상당히 심취해 있고, 나는 그것을 대단한 자랑으로 여긴다고 했지요.

입자와 파동이 있다가 없고 없다가 있는, 없는 것이 있는 것이고 있는 것이 없는 것이라는 색즉시공色卽是空 공즉시색空卽是色이라는 동양사상과 너무도 일치한다. 그래서 도道와 불佛, 아인슈타인의 장場이론으로 비유를 해서 결국 현대 물리학이란 것이 2,000~

현대 물리학과 '혼'

3,000년 전에 동양 선인들이 말한 것과 일치하고 있다는 얘깁니다.

3. 과정철학과 '혼'

과정철학에 대해서 좀 공부를 하면요. 바로 이 분이 화이트헤드란 분입니다.

유기체 철학
지금까지 서구 철학이 뉴턴과 갈릴레이의 기계론적 세계관을 바

과정철학과 '혼'

화이트헤드의 과정철학

- 현대물리학의 불확정성이론을 바탕으로, 자신은 유기체철학으로 명명

- 전통적인 신이나 실체 개념 전면부정

지금까지 서구철학의 모든 개념(이데아, 신, 물)이 무너짐

탕으로 이루어졌는데, 현대 물리학의 불확정성 이론을 바탕으로 하여 이 사람이 새로운 철학을 정립했습니다. 그게 유기체 철학이에요. 일반적으로 학문계에서 말할 때는 과정철학이라고 개념을 짓거든요. 전통적인 신이나 실체 개념을 전면 부정해버립니다.

이 분의 책에는 재미있는 얘기가 나오는데요. 상호관계에 의해서만 존립하는 실체가 있을 뿐이지, 유일신이나 천지 창조의 신이 만들어져서 있는 것이 아니다. 궁극적인 실재는 없다. 신에서 먼지까지 사실체로 보게 됩니다. 지금까지 서구철학의 기본 개념, 이데아, 신 개념들을 전부 다 무너지게 합니다. 한마디로 범신론이란 말 들으셨죠? 모든 자연 세상에 있는 먼지까지도 신의 일체로 보았기 때문에, 모든 것에 신이 있다라고 봤죠.

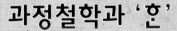

과정철학과 '훈'

화이트헤드의 과정철학

🌸 상호관계에 의해서만 존립한다는 사실체 (Actual entity)를 유기체의 실체로 규정

🌸 궁극적인 실재는 없고 신에서 먼지까지 사실체로 봄

한사상의 '훈'과 유사한 개념

과정철학이 역사상의 한과 너무 유사한 개념입니다. 우리도 전체를 보면서 다 거기에 신이 있다고 생각을 하지, 신은 유일신이라고 본 게 아니거든요.

스피노자와 범신론

스피노자! 결국 그는 신을 부정했다고 되어 있죠. 여기에 도움되는 얘기를 하면요. 스피노자는 서양 철학자로 1655년생으로 17세기 사람입니다. 이 분이 17살 때 신학교에 가서 신의 얘기를 들으면서 신을 부정하게 됩니다. 신이란 것은 화이트헤드가 말하는 것처럼 모든 사물 전체에 다 신이 있다. 그래서 범신론입니다. 신은 다 있는 것이지 유일신이 아니다. 나중에 교단에서 어떤 벌을

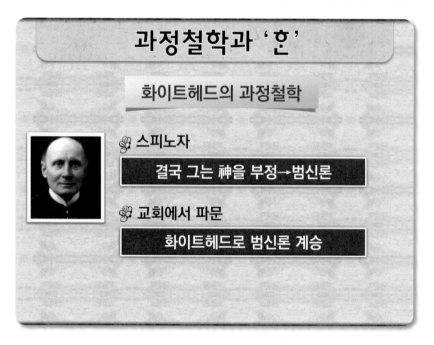

과정철학과 '흔'

화이트헤드의 과정철학

🌸 스피노자

결국 그는 神을 부정→범신론

🌸 교회에서 파문

화이트헤드로 범신론 계승

내리게 하느냐면 교회를 들어가는 입구에 스피노자를 눕게 합니다. 그리고 신자들이 전부 스피노자의 어깨를 밟고 교회에 들어가도록 합니다. 17살적에 그런 일을 당하니 얼마나 인격적인 모욕이겠어요? 그러니 스피노자도 철저하게 더 연구를 했습니다. 범신론의 이론적인 근거를 하나하나 증명해나가요. 26살에는, 그 당시 천주교에서 범신론을 주장하던 스피노자를 파문을 명합니다. 파문의 내용이, 스피노자하고는 말도 하지 말라, 돌보지도 말라, 스피노자가 쓴 책은 절대로 읽지 말라, 스피노자와는 한 지붕 밑에 살지도 말라, 스피노자를 절대 대접하지도 말라, 그가 쓴 글을 보지도 말라. 이런 얘기를 해서 스피노자를 철저히 사회에서 배제시킵니다.

그래서 스피노자는 이름을 베네딕트라고 개명을 하고 다락방 위에서 삽니다. 먹고 살아야 하니까요. 그래서 학창시절에 배운 안경알 깎는 일로 연명을 했어요. 그리고 계속해서 범신론에 대한 책을 썼습니다. 그 책이 의외로 많은 독자들을 확보를 했다는 거예요. 그러니 루이 14세가 어떻게 했느냐면, "너에게 연봉을 주겠다. 대신 네가 쓴 책에다가 '이 책을 루이 14세에게 바친다'는 한 줄만 넣어주면 연봉을 우리 돈으로 거금을 주겠다." 그는 거절했잖아요. "나는 누구를 위해서 책을 쓰는 것이 아니라 진리 앞에 책을 쓸 뿐이다!" 정말 멋있죠? 그렇게 얘기를 합니다.

대학에서 그를 교수로 모시겠다고 했는데 그는 교수도 싫다고 했어요. 싫은 이유가 재밌습니다. "왜 교수가 싫은가?" 하니, "내 정신적 자유를 방해한다. 그래서 나는 안하겠다." 참 멋있는 분이었죠?
바로 그런 분이 가졌던 종교사상이 범신론입니다. 이 분이 44세에
폐결핵으로 돌아가시는데, 스승의 딸하고 연애를 했지만 실연을 당
해서 평생 독신으로 살다 죽습니다. 바로 화이트헤드가 스피노자가
말한 이 범신론을 주장한 것입니다.

   과정철학이면서 서구 철학의 골격 일—과 多도 자기원인적으로
규정했어요. 두 가지가 다 제가 가지고 있는 신성에 의해서 이루어
지는 것이지 누구에 의해서 이루어지는 것이 아니다. 그런 얘기입니
다. 모든 사실체는 매 순간마다 새롭게 생성되는 그 자체일 뿐이다.
모든 개체들은 궁극적으로 실재다. 먼지까지도.

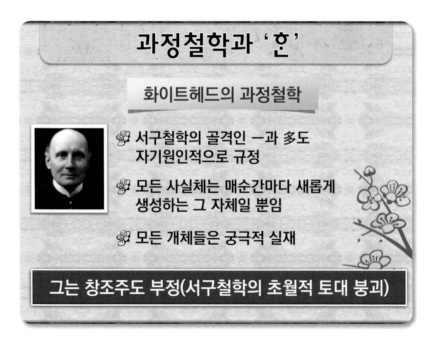

과정철학과 '혼'

화이트헤드의 과정철학

- 서구철학의 골격인 —과 多도 자기원인적으로 규정
- 모든 사실체는 매순간마다 새롭게 생성하는 그 자체일 뿐임
- 모든 개체들은 궁극적 실재

그는 창조주도 부정(서구철학의 초월적 토대 붕괴)

4. 칼 융의 전인적 인간과 '혼'

양성 브랜드시대

칼 융이라는 분, 여러분 잘 아시죠? 이 분은 현대 심리학의 최고봉입니다. 이 분보다 앞선 사람이 프로이드란 사람이었는데, 프로이드는 심리학에서 너무 섹스와 관련된 부분과 결부시키는 바람에 칼융은 그 사람을 넘었죠. 이 분은 서양과 동양을 버무렸습니다. 사람은 그렇게 딱 원시적인 섹스와 관계만 있는 것이 아니라, 무의식 속에 사람이 갖고 있는 관련된 부분까지 생각해야한다.

여러분, 무의식이란 것은, 사람이 평소에 살 때는 정신이 무의식을 누르고 삶을 살아갑니다. 잠을 자면 내 의식이 없어지잖아요. 그럴 때는 무의식이 의식을 누릅니다. 하루마다 되풀이되고 있습니다. 의식이 무의식을 누르는 생활이 낮에 계속 되다가, 밤에는 자면 무의식이 의식을 누르며 잠을 잡니다.

무의식이 나타나는 증상이 뭐냐 하면, 꿈을 꾸잖아요. 그것이 무의식의 작용입니다. 이 무의식 속에 무궁무진한 지혜가 들어있다는 얘기에요.

나는 시를 쓰는 사람이기 때문에 그런 경우를 실제 느낍니다. 내 전생에는 아무래도 나보다 글을 훨씬 더 잘 썼던 사람인 것 같다. 내가 그 재주를 다 쓰지 못한다는 생각을 하거든요.

우리가 '몰입'을 공부했잖아요. 몰입을 하다보면 내가 생각하지 않았던 문구들이 저절로 나옵니다. 그것은 무의식 속에 찾아오는 것이거든요. 여러분이요, 도저히 안 풀린다 할 때는 그것을 화두로 내 무의식 속에 던져주세요. 이것은 연습을 해야 합니다. 명상을 하는 사람은 잘됩니다. 자다가 이게 올라옵니다. 무의식 속에서 자기 자체 내에서 돌아가거든요. 바로 그 무의식을 학문적으로 정립한 분이 칼 융입니다.

칼 융의 분석심리학에서 백미에 속하는 유명한 말이 있습니다. 사람은 완전하지 못하다, 그러나 사람은 온전할 수 있다. 온전할 수 있다는 말은 튀어나가지 않고, 남성적, 여성적이라고 보면, 너무 남성적인 사람은 거칠죠? 섬세한 것이 부족합니다. 너무 여성적인 사람은 아주 섬세하지만 파워가 부족해요. 이것을 잘 모아서 하나로 해라. 그것이 바로 양성 브랜드입니다. 아주 젊은 세대의 문화 아이

칼 융의 전인적 인간과 '훈'

兩性 '브랜드' 시대

- 남아공의 육상선수 캐스터의 성감별
  자궁과 난소가 없고 남성호르몬이 3배, 고환

- 왕의 남자 이준기, 유니섹스

- 젊은 세대의 문화 아이콘

- EQ가 각광

콘이란 결국 꽃미남, 이게 아이콘이에요. 문화 아이콘이거든요. 요즘 얼굴 못 생긴 것은 용서 못한다고 하죠?

그래서 요즘은 EQ가 각광을 받아요. 역지사지라, 내가 나만 생각하지 말고 상대방의 입장을 생각해주라는 거예요. IQ가 좋은 사람이 성공할 수 있는 확률이 20%라 합니다. EQ가 좋아서 성공할 수 있는 확률이 훨씬 높겠죠?

페르소나

칼 융의 분석심리학의 기초개념을 봅시다. 페르소나persona라는 것이 나옵니다. 여러분이 전부 가면을 쓰고 이 자리에 앉아 있는 겁니다. 맞죠? 나는 가면 안 썼다 하는 사람 없습니다. 다 가면을 씁니다. 가면을 하나 정도 쓰면 괜찮은데, 수십 개 쓰고 나오는 사람도 있습니다. 가면 - 페르소나persona라고 합니다.

가면을 왜 쓰나요? 사회적으로 공부를 하고 품위를 갖춘다는 것 자체가 목에 힘주는 것 아닙니까? 회사에서 과장이 되면 과장이라는 가면, 집에선 아버지 가면, 엄마 가면을 덮어 써야 하죠? 현대를 살아가는데 가면이 10 몇 개 까지 됩니다. 이것을 벗어버리게 되면 진짜 맨얼굴이 나오잖아요. 그런데 현대 사람들이 맨얼굴로 삽니까? 그것을 정확하게 분석한 사람이 칼 융이라는 사람입니다.

이 분이 구별하는 것을 보면 외향적인 사람, 내향적인 사람이냐를 가장 먼저 선별합니다. 외향적인 사람은 내향적인 사람에게 배워야 하고, 서로 배워야 합니다. 직관과 감각도 사람들은 서로 다릅니다. 직관형은 제 볼 일만 봅니다. 감각형이란 모든 것을 다 보는 것입니다. 남자가 직관형이고 여자가 감각형입니다.

백화점에 가면 감각형인 부인이 거기서 활동사진 필름처럼 1층에는 뭐가 있고 2층에는 뭐가 있고 전부 파노라마처럼 다 찍히게 됩니다. 직관형은, 백화점에 가서 뭘 봤나? 아무 것도 기억나지 않더라. 이게 직관형입니다. 하나도 기억나는 것이 없는 것이 직관형입니다. 이 사람은 제가 필요한 하나만 보는 것입니다. 본질이 무엇인가 이 것만 보는 사람입니다. 다른 것 구질구질한 것은 눈에 하나도 안 들어오는 거에요. 부부간에 코드가 잘 안 맞는 경우입니다. 직관인 사람은 감각형을 배워야 합니다. 감각형인 사람은 직관형을 배워야 해요. 감각형은 너무 복잡합니다. 핵심을 못 찾아요. 이 둘이 합쳐져

칼 융의 전인적 인간과 '혼'

칼 융의 분석심리학의 기초개념

❀ 페르조나

❀ 외향과 내향

❀ 직관과 감각

❀ 사고와 감정의 조화(全人的) 강조
특히 외적 인격인 Persona와 내적인격
(나와 무의식의 관계)인 Anima(무드)와
Animus(의견)를 강조

야 해요. 그것을 주장한 사람이 칼 융입니다.

아니마, 아니무스

Anima, Animus라는 것도 칼 융 분석심리학의 핵심적인 개념입니다. 아니마Anima는 남성 속의 여성이고, 아니무스Animus란 것은 여성 속에 남성입니다. 남자나 여자나 첫 눈에 반하는 경우 있죠? 남자가 여자를 보고 첫 눈에 반하는 것은 아니마가 발동하는 것입니다. 여자가 남자를 보고 첫 눈에 반하는 것은 자기 마음속에 있는 이상형이라고 할 수 있거든요.

아니마와 아니무스는 독일 어느 영화에 보면, 대학 교수가 자기 아니마를 본 거에요. 술집에 가서 여자를 보니 진짜 내 이상형이라 이거예요. 그 순간에 돌아버리는 겁니다. 대학 교수가 술집여자를 위해서 자기 직업을 버리잖아요? 어디든 따라다니면서 그 사람이 시키면 마치 신이 사자에게 시키는 것처럼, 그야말로 이렇게 하라고 하면 이렇게 하고 저렇게 하라고 하면 그렇게 하고. 나중에 앉혀 놓고 맥주를 부으면서 박수를 치게 합니다. 그러나 이 사람은 아니마에 홀려서 어쩔 수 없는 것입니다.

이것을 제가 주역으로 풀이를 했어요. 이건 주역의 감괘(☵)인데요. 여기 마디가 끊긴 것은 음입니다. 마디가 끊기지 않은 것은 양이에요.

여성 속에 남성이 있어요. 겉으로 아주 여성스러운 사람 있죠? 속에는 옹고집입니다. 특히 결혼 안 한 남자는 이 부분을 중요하게 봐야 해요. 겉으로는 부드럽고 유연하고 정말로 물처럼 아주 만만

해 보입니다. 그런데 속에 들어앉은 것은 절대로 부러지지 않는 양입니다. 이 여자가 옹고집을 부리면요, 천하장사도 당할 수가 없습니다.

그 다음 이걸 리괘(☲)입니다. 이 경우는 겉으로 보면 전부다 막대기(양)가 밖에 있죠. 강합니다. 운동선수 같은 사람 얼마나 강합니까? 그런데 속에 뭐가 들어있어요? 음이 들어있어요. 주로 운동선수가 여자들에게 꼼짝을 못합니다. 여자 앞에 가면 강아지가 되어버려요. 속에 아니마가 작동을 해 버려요. 그러면 그대로 자기부인이 폐하가 되어버려요. 강한 남자일수록 여자한테는 꼼짝을 못합니다. 거기 가서 호구가 되어버려요. 이게 남녀간의 역학관계에요.

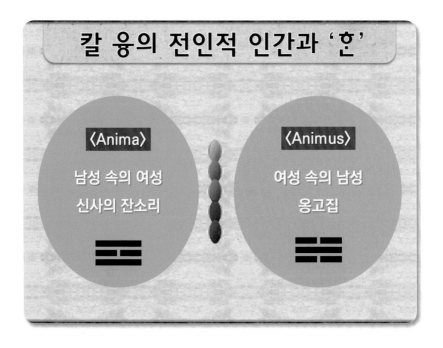

그런데 아니마Anima 아니무스Animus란 개념이 한의 개념과 상당히 유사한 것을 가지고 있습니다.

사고와 감정의 조화, 사고형과 감정형인 사람이 있거든요. 엄마는 감정형이고 아들은 사고형입니다. 둘이 마주치면 부딪힙니다.

여러분, 아들을 키워본 엄마는 이해를 할 겁니다. 감정형인 엄마는 감정이 안 상해야하거든요. 사고형인 아들은 엄마를 떠나서 논리적으로 이것은 틀렸고, 전후 사실을 증명하면서 틀렸다고 합니다. 그러면 엄마 입장에서는 섭섭하죠. 키워놓았더니, 배우고 나더니 이제는 엄마한테 달려드느냐? 엄마 그것은 아니고 사실은 사실이고 아닌 것은 아니라고 주장합니다. 사고형이든 감정형이든 상대를 배워가야 해요. 이런 면에서 칼 융이 온전하다는 인간의 개념에 대해서 여러분이 공감할 것이고 받아드려야 할 부분일 것입니다.

예를 들어 그리스 신화에 판도라의 상자가 있어요. 그리스 신화의 최초의 여자가 판도라 아닙니까? 제우스신이 모든 사람들에게 선물을 다 집어넣으라고 했잖아요. 그래서 만든 인간이 판도라인데, 그 선물을 주면서 절대로 열지 말라고 했잖아요. 그런데 이 여자가 호기심이 나서, 절대로 열지 말라고 하면 절대로 열어봐야 하잖아요? 그게 사람의 심리란 말이에요. 열어보니 갑자기 온갖 재앙이 올라오니까 엉겁결에 덮어버리는데 제일 꾸물거린 희망이란 놈만 잡히고 다른 것은 다 달아나버렸다는 것이죠. 암 3기 말기가 되어도 인간은 희망은 안 버린다고 하잖아요.

이 얘기에서 우리가 볼 수 있는 것이 뭐냐면요. 칼 융의 전인적

사고와 판도라의 이 내용을 보면, 사람이 아무리 여성이라 하더라도 남성에 가까운 그런 온갖 특성을 함께 보유한다는 것이죠. 판도라 상자 속에 숨어있는 여러 가지 안 좋은 것들도 결국 좋은 것과 어우러질 수밖에 없다. 좋은 것과 어우러져서 살아갈 수밖에 없다. 왜 그러냐하면, 좋은 것이 그 속에 함께 있을 거니까요. 어떤 형태로든 객관화 작업을 해줘야 한다. 객관화 작업을 해주는 일들이, 예를 들어 내가 외향적이면 좀 더 내향적으로 접근해서 온전해져야 한다는 겁니다.

젊은 분들 중에 MBTI조사란 것을 하신 분들이 있을 거예요. 그것을 해보면 외향, 내향, 감정형, 직관형, 이런 유형이 나오거든요. 사람을 16가지 유형으로 나눕니다. 칼 융이 주장하는 핵심이 뭐냐하면, 조사 결과에서 이 중심에서 밖으로 나간 것은 중심으로 가도록 하라는 것입니다.

3강에서 배울 때 여러분들이 줄 타는 것 보셨잖아요? 그 사람은 피나는 노력을 했다고 볼 수 있죠? 줄을 타고 가는 사람이 그 작업을 하기 위해서는 얼마나 많은 자기 나름의 시행착오가 있었겠느냐는 거죠. 퍼지이론에서 보면 0.0001mm의 틈을 줄여가지고 한 선으로, 내 몸과 외줄이 완전히 하나가 되도록 하라는 거예요. 그런 상태에 가야 프로가 되는 거거든요. 칼 융이 말하는 전인적인 인간도 양성이 합쳐져 가는, 양성적인 것을 가지고 있는 그런 사람이 훨씬 더 온전하다는 겁니다. 그 작업 자체가 객관화다. 자꾸만 객관화 되도록 하라.

칼 융의 주장을 결론적으로 말하면, 전인적인 인간이 되어라, 전인적인 인간이라 하면 모두 다 합쳐진 인간이다. 이렇게 요약을 할 수가 있습니다.

5. '훈'과 한恨은 하나다

해원

훈과 恨은 하나다. 글자는 같습니다. 구별하기 위해 아래 아(丶) 자를 썼습니다. 그냥 한이라고 쓰면 이 훈인지 한인지 구별이 안 됩니다. 훈이라는 것은 하나로 합쳐졌을 때 폭발적인 힘이 났을 때입니다. 그러니까 우리 한문화의 핵심이죠. 에센스에 해당합니다. 상대와 내가 하나가 되었을 때 훈이에요. 恨은 하나가 안 되고 분리되었을 때 恨입니다.

그러면 한을 푸는 것은 어떻게 해야 하나? 해원이라고 합니다. 원을 풀어줘야 합니다. 하나가 안 되어서 한이 맺혔다고 하면 그것을 하나로 맞춰주면 됩니다. 그것이 해원이라. 무당이 굿을 하는 것도 그런 거고, 맺혀 있는 원이 있으면 그것을 풀어주라는 거예요.

훈과 恨은 결국 손바닥과 손등이라는 거죠. 같은 것이다. 합치면 한이 되고, 합쳐지지 못하고 갈등, 분리 되어서 생산적이지 못하고, 오히려 이것이 비생산적인 인간관계로 흘러갈 때 이것은 恨이다. 훈과 恨도 하나다.

지금까지 보았던 4가지 개념들이 있었죠. 퍼지이론, 현대 물리학, 과정철학의 범신론, 칼 융의 분석심리학. 이것을 보면 결국 한이 세계적인 보편성이 있느냐 하는 것을 결부시켜서 증명을 해본 것입니다.

마지막으로 훈과 恨은 어떤 관계냐?

훈은 하나 되었을 때 훈이고, 그것을 못하면 恨이 되는 겁니다. 여자가 한을 품으면 오뉴월에 서리가 내린다. 여자가 한을 왜 품겠습니까? 하나가 안 되었겠죠? 금슬에 문제가 있었을 겁니다. 한을 품게 되면 전혀 비생산적이죠? 그것을 순수 우리말로 하면, 해코지를 하게 됩니다. 죽어서도 천당이나 지옥으로 가는 것이 아니라 중간지대인 황천을 헤매며 미련 때문에 떠나지를 못한다.

恨은 맺힌 한이고, 훈은 푸는 한이다.

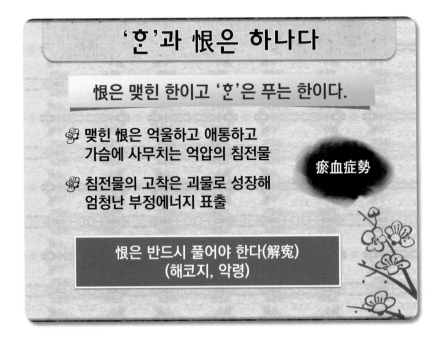

그래서 이런 한이 풀어지는 것이 흥입니다. 억울하고 애통하고 가라앉은 침전물이 피가 엉키는 어혈이 되잖아요. 침전물의 고착이 괴물로 성장을 해서 엄청난 부정 에너지를 표출하게 됩니다. 그래서 이 恨이라는 것은 빨리 풀어주어야 합니다. 한은 반드시 풀어야하고 그것을 해원이라고 합니다.

우리 민족이 한문화의 특성을 말하라고 할 때, 가장 부정적인 에너지를 표출하는 것이 여기 恨입니다. 그럴 때는 어떻게 해야 하나? 어떻게 풀어야 하나? 하나가 되도록 하라. 하나가 되면 풀어집니다. 부부간에도 서로 갈등을 하는 경우, 서로 의견이 상충이 되었거나 하나가 못 되었을 때 아닙니까? 의견이든 뭐든 하나가 되었을 때 이 문제가 다 풀어집니다. 봄눈 녹듯이 칼로 물베기로 부부 싸움은 그렇게 끝이 나는 거예요. 못하면 갈라서는 겁니다. 해코지를 하고 죽어서도 악령이 된다.

恨은 민족 에너지로서 빼어난 예술로, 문화 창조로, 종교적 원형질로 된다. 이 한이 다 나쁜 것은 아닙니다. 이 한이 맺혀서 빼어난 예술로도 만들어냅니다. 제가 제일 좋아하는 시조가 홍란의 시입니다. 조선시대에는 함경도 사람은 정든 님을 보내며 황해도 고개를 못 넘도록 되어있나 봐요. 거기까지 낭군을 따라옵니다. 거기서 더 이상 못 따라가니까 이제는 님을 보내야하고 자기는 경성으로 가야하는 상황입니다. 그 때 여인이 정인에게 버들잎을 꺾어 주죠.

뫼버들 가려 꺾어 보내노니 임의 손에

주무시는 창밖에 심어 두고 보소서

밤비에 새잎 나거든 날인가도 여기소서

시 속에 사랑, 한을 다 담았잖아요. 이보다 더 좋은 것은 황진이 시지요.

동짓달 기나긴 밤 한 허리를 버혀 내여

춘풍 이불 아래 서리서리 넣었다가

어른님 오신날 밤이어든 구뷔구뷔 펴리라

恨이 빼어난 예술로 나타날 수 있다는 거죠. 한이 있었기 때문에 가능하다는 거죠. 한이 없으면 이게 안 되는 거죠.

또 한은 문화를 창조할 수 있다는 겁니다. 여러 가지로 우리 문화 중에서도 한이 서려져서 새로운 문화로 창출하는 것들이 많습니다. 종교적인 원형질로도 나타나는 것입니다.

그래서 恨이라는 것이 꼭 나쁜 것은 아닙니다.

恨을 정의할 때 미학일수도 있고, 신학일수도 있다.

한의 대상과 하나일 때 해원을 이룬다. 한이 맺혔을 때 그 한을 받은 사람이 어떤 대응을 하느냐. 긍정적인 대응을 하느냐. 부정적인 대응을 하느냐 그런 부분이 문제가 되는 것입니다.

아랑가

『삼국사기』에 나오는 얘기입니다. 아랑가란 것이 있는데, 도미와 아랑이라는 부부가 있었어요. 백제에 개루왕이 아랑이 탐이 났던 모양이에요. 아랑이 아주 미녀였던 모양이에요. 도미가 백제의 신하였으니까, 나한테 수청을 들게 하라 했어요. 도미가 거절을 못하고 몸종에게 두 번 수청을 들게 했어요. 그러니 개루왕이 두 번을 속았다는 거예요. 왕을 감히 속일 수 있느냐. 화가 날 것 아닙니까? 도미를 잡아가두고 철저하게 국문을 했습니다. 아랑이 두 번이나 수청을 거부하고 나를 배신했으니 너의 눈을 빼겠다. 도미의 눈을 빼고 한 사람만 타고 갈 수 있는 배에다 태우는데, 그건 배가 아니라 관입니다. 눈 두 개 뺐죠? 묶었죠? 배위에 태워서 아리수 물에 띄웁니

'혼'과 恨은 하나다

恨은 맺힌 한이고 '혼'은 푸는 한이다.

- 恨은 민족에너지로, 빼어난 예술로, 문화 창조, 종교적 원형질로 된다.
- 恨은 미학이고 신학이다.
- 恨의 대상과 하나일 때 解冤을 이룬다.
- 아랑가(도미와 아랑 부부의 슬픈 이야기)
- 가루지기타령(비장과 골계의 미, 존재의 무화)

다. 그러니 살라는 말이 아니잖아요. 그것을 바라보는 아랑이 뛰어가면서 아무리 잡아도 잡을 수 없으니 실신을 해버립니다. 실신했다가 눈을 떠보니 자기도 어느새 배를 타고 가다가 어느 모래톱 위에 걸려있고, 정신이 드는데 어디선가 피리소리가 들리더라. 남편이 거기서 피리를 불고 있더라는 얘깁니다.

그렇게 해서 둘이 섬에서 살게 되는데, 어느 날 아랑이 물이 아주 고요한 호수에 자기 얼굴을 비춰보니 자기가 봐도 천하의 절색인 거라. 자기 생각에, 내가 이 얼굴 때문에 이런 고생을 한다. 그래서 이 사람이 억새로 자기 얼굴을 그립니다. 이게 딱지가 앉고 쳐다보니 천하의 추물이거든요. 이렇게 해서 고구려로 들어갑니다. 가서 아리랑 노래를 부른다고 해요. 아랑은 춤을 추고 봉사인 남편은 피

마당놀이극

리를 불고 돌아다니며 삽니다. 그게 아리랑을 최초로 불렀던 사람이 아닌가 합니다. 그게 한이죠. 아랑의 입장에서 보면 한이 맺힌 것 아닙니까. 아리랑 아리랑 아라리요~ 아리랑 고개를 넘어간다. 거기에서 아리랑 민요가 발생했다고, 『삼국사기』에 나오는 얘깁니다.

마당놀이극도 결국은 한을 푸는 것들이 많이 있습니다. 저렇게 어울리면서 한이 있었다면 하나로 풀어버리는 거예요. 마당놀이의 특징은 관객과 연기자가 구별이 없죠. 경계를 안 두는 것이 마당놀이입니다.

흔이란 것은, 세계적으로도 보면 퍼지이론, 현대 물리학, 과정철학, 칼 융의 분석 심리학 이런 것들을 다 비교해 봐도 한문화는 세계적으로 경쟁력을 가질 수 있다. 어떤 형태로든 우리가 한문화를 살리는 것은, 21세기의 새로운 성장엔진이 된다는 겁니다. 우리나라가 사실 2만불 소득이죠. 무역구조 11위라 해서 선진국 아니죠? 선진국이란 것은 적어도 정신문화가 함께 따라줘야 합니다. 그게 있어야 선진국이죠. 가장 시급한 것이 뭐냐? 한문화의 정신문화를 경제 성장과 아울러 양 날개처럼 함께 성장시켜야 된다는 겁니다. 경제성장도 되면서 정신문화도 세계적인 수준에 갈 수 있다는 것을 설명드렸잖아요. 정신문화와 경제가 함께 성장을 할 때 참으로 창공을 향해서 날아가는 훌륭한 민족이 될 수 있지 않을까 싶습니다. 이것으로 4강 강의를 마치겠습니다.

제五강 한은 세계적 문화코드다

제5강
'흔'은 세계적 문화코드다

만나서 반갑습니다. 전 시간까지 한문화에 대한 키워드, 가장 중요한 개념이 무엇인지, 그리고 또 한문화가 과연 보편성을 가지고 있는지에 대해서 검토했고 강의를 했습니다.

이번 시간에는 한문화라는 것이 과연 세계적인 문화코드가 되느냐에 대해서 몇 가지로 나누어서, 조직적인 문제, 성공한 사례들을 구체적으로 예를 들면서 한문화가 과연 세계적인 문화코드가 되는지의 여부를 강의할까 합니다.

1. 조직 속의 '흔'

우선 이 조직 속의 '흔'이라는 것을 먼저 볼 필요가 있습니다. 과연 이 조직 속에 한문화가 어떤 작동을 하는가 하는 부분인데요. 우선은 농경사회와 유목사회가 상당히 차이가 있습니다. 우리는 농경사회이고, 서구 쪽은 주로 유목사회입니다.

숲의 문화

농경사회는 보통 숲의 문화라고 얘기를 합니다. 농사를 지었기 때문에 농토를 중심으로 문화가 형성이 돼있고, 대체적으로 자연 순응적인 문화를 가지고 있습니다. 그리고 또 집단화하는 경향이 있습니다. 자연히 농사철이 되면 같이 힘을 합쳐야 되기 때문에 농경사회의 가장 중요한 특징은 뭉쳐야 산다는 것입니다.

사막문화

그러나 유목사회라는 것은 산업문화죠? 자연 순응이라기보다는

조직 속의 '흔'

농경사회와 유목사회의 차이

✓ 농경사회 : 숲의 문화, 자연 순응적,
　　　　　　뭉쳐야 산다, 집단화

✓ 유목사회 : 사막의 문화, 자연정복,
　　　　　　헤쳐야 산다, 개체화

자연을 정복하는 그런 마인드를 가지고 살아가는 사람들입니다. 그리고 이 사람들은 뭉쳐서는 안 됩니다.

왜 그러냐 하면 유목을 하기 때문에 다 흩어져야 합니다. 뭉치면 그 초원지가 하나인데, 한데 뭉쳐서는 안 된다는 것을 이해하실 겁니다.

그래서 농경사회는 뭉쳐야 되지만은 유목사회의 특징은 흩어져야 산다. 그런 면에서 근본적으로 마인드가 다릅니다. 따라서 대체적으로 농경사회는 집단화하는 경향이 있다면 유목사회는 개체화합니다. 하나씩 하나씩 전부 흩어져서 살아가는 겁니다.

사막문화는 여기 나와 있는 것처럼 자연 정복적이면서도 계약문화입니다. 장사하는 사람이니까 모든 것이 계약에 의해 이루어지고, 계약에 의한 사회 패턴이 이루어지는 그런 상태이기 때문에 다릅니다. 농경사회가 가지고 있는 숲의 종교에서 가장 중요한 것은 양심입니다. 하늘을 우러러 부끄러움이 없는 그런 것을 바랍니다. 그런데 사막문화에서는 계약이 어떻게 되어 있느냐. 이런 문제가 가장 중요합니다. 그것이 서구문화와 동양문화의 근본적인 차이를 이루게 됩니다. 예를 들어서 국가 간에 계약을 할 때도 사막문화에서는 철저하게 준비를 합니다. 숲의 문화를 가지고 있는 농경사회에서는 별 준비를 안하고, 그렇게 갑니다. 이런 부분에서 국가 간에 계약을 하다보면 숲의 문화를 가지고 있는 동양국가에서 상당히 손해를 보는 경우가 많이 발생합니다.

그럼 우리 조직 속에서 어떤 것이 있느냐 하면은 두레문화라 하는 것이 있습니다. 우리 선조들이 그대로 했던 것. 지금 사진에 나오는 것이 두레 논, 두레 벼 같은 그런 건데, 특유의 집단노동 형태입니다. 예를 들어서, 두레를 할 때 노동력이 없는 경우가 있어요. 여자들만 사는 과부집이라든지 이런 경우에는 논을 경작할 수 없습니다. 노동력이 없는 경우에도 그 동네의 두레는 전부 다 해줍니다. 다 해주게 되어 있습니다. 구별을 안 합니다. 또 나누는 것도 다 같이 나눕니다.

그래서 계약문화와 근본적으로 다른 점이 하나의 울 플러스라고 했죠. 우리. '울 + 이'가 우리라는 말이거든요. 울 속에 들어앉아 있는 사람이라는 뜻입니다. 그 속에 들어있으면 다 같이 나누고 또 생사고락을 같이 한다. 이런 뜻으로 보면 됩니다. 이런 문화가 특

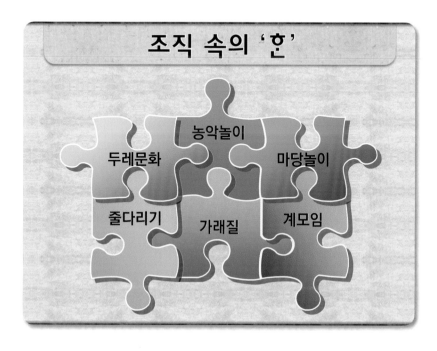

유의 우리 문화입니다. 그러나 두레문화 같은 것이 서구에는 없습니다.

그 다음에 농악놀이를 봅시다. 저 일사불란한 화음을 가지면서 조직 속에서 아주 신바람이 납니다.

그다음, 마당놀이도 마찬가지죠. 관객과 연기자가 전혀 구별이 없는, 하나가 되는 그런 형태입니다.

그다음 또 보면, 줄다리기 같은 경기를 할 때도 수數제한을 두지 않습니다. 그렇기 때문에 아랫동네 윗동네가 줄다리기를 하면은 인원이 몇 명이냐 파악을 안 합니다. 아랫동네 사람은 아랫동네 모이고 윗동네 사는 사람은 윗동네에 모입니다. 뭐 노인, 어린이 할 것 없이 수가 몇이냐 이거 안 따진다는 겁니다. 그러나 서구적

조직 속의 '혼'

〈'두레'문화〉
특유의 집단노동형태. 불참자의 논도 경작. 울+이의 형태

인 관념에서 볼 때는 윗동네 사람들은 삼십 명이고 아랫동네는 이십 명이라고 하면 이거는 파울이 되잖아요? 반칙이 되는데 우리는 그런 것을 안 따졌습니다. 저건 윗동네, 우린 아랫동네, 그렇게 따지지 않았다. 조직(조직자체)을 하나로 봐주지 그렇게 숫자까지 따지지 않는다. 그런 면에서 조직 속에 한 문화가 독특하다는 것입니다.

그 다음 봅시다. 가래질 같은 것도 보시다시피 방향은 한 방향이죠. 그리고 이 세 사람의 힘이 한데 모여야 됩니다. 그리고 같이 호흡이 맞아줘야 됩니다. 그런데 이게 세 사람이 하는 노동력보다 훨씬 많은 에너지를 발휘한다고 합니다. 아주 절묘한 협동력에서 나오는 겁니다. 가래질에서 우리문화의 독특한 요소를 볼 수 있다. 이

조직 속의 '흔'

〈농악놀이〉
일사불란한 화음. 신바람. 구경꾼이 없다

렇게 보면 됩니다. 방향과 힘과 호흡이 하나로 합쳐져야 되죠. 그래서 절묘한 협동이 필요하다.

계모임

그 다음에 계모임이라고 하는 게 있는데요. 여러분도 잘 아시다시피 우리나라 조선시대에 이 계라는 것이 481개 종류가 있었다고 합니다. 여러분도 아마 옛날 생각해보면 이해가 가실 겁니다만, 종신계부터 동갑계, 그 다음에 혼인관련계, 상가계, 전부다 계가 있었어요. 그런데 이 계가 어떻게 다르냐 하면요.

미국 같은 데는 개인주의입니다. 개인이 창업을 하고, 그 다음에 이게 대량생산 체제로 올라가서 재단이 되는 그런 상태인데, 이 경

조직 속의 '혼'

〈줄다리기〉
수 제한이 없음

우에는 개인주의가 어떤 문제를 안고 있냐면 노조문제가 걸려 버립니다. 이 노조와 개인 간의 문제가 잘못되면 회사가 망해버리는 경우가 있습니다. 요즘 금융위기 때문에 세계적인 기업이 무너지는 것도 그런 것과 상당히 관련이 있습니다.

일본의 경우를 보면 개인이 단체 속에 매몰돼 버립니다. 단체주의라고 하는데, 미국이 개인주의라면 일본은 단체주의입니다. 기업의 정신과 목표는 살아있고 개인은 거기에 매몰돼버립니다. 그래서 일본사람들이 나라는 잘살지만 개인은 굉장히 가난하다 이렇게 알고 있는 이유가 그런 데에 있습니다. 앞에서 깃발하나 들고 가면 쭉 따라가는 그런 것과 마찬가지입니다.

그런데 미국이 개인주의이고 일본은 단체주의인데 비해서 우리

조직 속의 '흔'

〈가래질〉
방향, 힘, 호흡이 하나로 절묘한 협동

는 조화주의라고 합니다. 조직도 살고, 또 개인도 사는 조화주의죠.
예를 들어 계 문화 같은 것을 보면, 여러분들 상부상조라는 것 있잖
아요? 개인을 분명히 중시합니다. 그러면서 계도, 단체도 중요시합
니다. 단체인 계와 개인인 조직원이 균형과 조화를 이루는 그런 조
직입니다. 그래서 조직 속에서도 특별하게 우리는 한문화적인 요소
를 갖고있다. 이렇게 보시면 되겠습니다.

2. 후기 산업사회와 '혼'

　후기 산업사회와 우리나라 한문화는 어떤 관계에 있느냐, 그런

부분에 대해서 설명을 드리겠습니다. 산업사회와 후기 산업사회가 어떻게 다르냐 하는 부분인데, 우선 산업사회는 관료주의입니다. 철저하게 합리적이고 효율적이고 예측가능하고 그 다음에 자동화가 되는 사회입니다. 그런데 이게 어떤 문제를 낳느냐 하면요. 막스 베버라고 하는 사람이, 합리화가 결정적인 조직으로 나타나는 것이 관료주의인데, 이게 합리성, 효율성, 예측가능성은 좋은데 이것 때문에 너무 치우치다보니까, 숫자에 치우치다보니까 인간이 매몰되어 버립니다. 또 이 것만 너무 치우치다보니까 어떤 상황이 벌어지냐 하면은 오히려 패스트푸드 음식점 같은 데에 보면 부작용이 엄청 많게 됩니다. 예를 들어 환경오염이 굉장히 많이 발생되고 있습니다. 그래서 관료주의 시대는 끝이 났다고 그렇게 얘기를 합니다.

임시변통주의

그래서 산업사회가 철저하게 관료주의라고 한다면 후기 산업사회에서는 임시변통주의입니다. 엘빈토플러라는 미래학자가 에드호크러시Adhocracy라고 한 개념이 그것입니다. 그때그때마다 변해줘야지 이게 삼각형 모양으로 관료주의처럼 변하지 않고 고착되는 이런 형태가 돼서는 그때그때 즉시 반응을 못한다는 겁니다. 반응을 못하게 되면은 후기 산업사회에서는 경쟁력이 떨어진다는 거지요.

산업사회가 합리적이라면 후기 산업사회는 신축, 유연, 가변성,

임시변통이 빨리빨리 변화에 적응해 줘야 됩니다. 그래서 태스크 포스라는 것이 있습니다. 어떤 조직을 만들어 놓고 어떤 문제가 발생하면 바로바로 뛰어가서 해결하고 이래야 되죠. 관료주의는 여러분이 아시다시피 이렇게 삼각형처럼 계층으로 굳어져 아주 철저하게 조직화 되버리잖아요. 이게 움직이기가 힘이 듭니다. 이 움직이기가 힘이 드는 것 때문에 결국은 후기 산업사회에서는 맞지 않다는 그런 내용이 됩니다. 그래서 수직적인 피라미드 구조가 산업사회라면은 횡적으로 수평구조를 이루는 것이 후기 산업사회라는 겁니다.

왜 이 얘기가 중요하냐 하면은 우리 한문화가 바로 이 후기 산업사회에서 말하는 신축, 유연, 가변성의 문화입니다. 그렇기 때문에

후기 산업사회와 '훈'

① 산업사회 패러다임

✓ 관료주의 : 합리성, 효율성, 예측가능성은 조직의 경화 초래

② 후기산업사회

✓ 임시변통주의 : 앨빈 토플러의 Adhocracy
✓ 포스트 모더니즘사회 : 신축, 유연, 가변성, 임시변통성, 소단위 조직

③ 벼농사 문화

✓ 정성문화가 첨단산업의 키워드
✓ 한국적 소양, 융통성

산업사회는 우리문화가 합리적이고 체계적인 면에서는 대응을 하기가 힘들었지만 후기 산업사회에 가면 한문화가 굉장히 빨리 적응을 하면서 바로 세계적으로 우리가 리더가 될 수 있는, 문화의 선두그룹이 될 수 있다는 그런 의미에서 이걸 강조하는 겁니다.

그래서 미국의 산업사회에서는 조직이 경직화되기가 쉽다는 얘기죠. 그런데 이제 후기 산업사회에서는 빨리빨리 적응 해줘야 된다. 쉽게 얘기하면 이런 비유가 될 겁니다. 여러분, 패스트푸드 음식점 아시잖아요. 봉급자들이 거기에 가서 아침 점심을 먹습니다. 그런데 거기에 가보면 줄을 쭉 서 있잖아요. 그런데 이게 합리성 찾다 보니까 줄을 쭉 서있는 것이 오히려 사람들을 불편하게 한다 이겁니다. 어떻게 보면 패스트푸드라는 게 가정을 붕괴시키는 요인이라는 겁니다. 미국의 학자들 얘기는 1940년에 아침 안 먹는 것이 보편화됐다, 그리고 1950년에 저녁 안 먹는 것이 보편화 됐다고 합니다. 이게 무엇 때문에 그러냐 하면 패스트푸드 음식점에 가서 해결하는 거에요. 패스트푸드와 후기 산업사회의 하나의 모델이 어떤 거냐 하면, 동네에 있는 밥집, 음식점을 생각해보세요. 그 곳에 들어가 보면 그 동네에 오는 사람이 한정돼 있잖아요? 아 저 사람의 기호는 어떻다. 뭐 된장찌개를 짠 것을 좋아한다, 약간 싱거운 것을 좋아한다, 이런 것을 알잖아요? 그래서 동네 밥집 같은 경우가 후기 산업사회의 하나의 패턴이라는 겁니다. 왜냐하면 그 개인에 다 맞춰 줄 수 있다는 겁니다. 그런데 패스트푸드는 개인에 다 맞춰주지 않잖아요. 규격대로 주는 거에요. 주고, 먹기 싫으면 그만 두는거고. 그래서 이게 패스트푸드에서 동네 밥집같이 신축, 유연한 사회로 바뀌고 있다. 이것이 우리가 말하는 후기 산업사회에 한문화가 적응을 잘 할 수 있는 이유라는 겁니다.

벼농사문화가 정성문화라고 그랬죠? 첨단사회 문화의 키워드가 되는 겁니다. 벼농사는 정성을 들이지 않으면 안 됩니다. 서구에서 밀농사를 두 배로 늘리려면 땅을 두 배 정도 더 하면 됩니다. 그러나 벼농사에서 두 배 더 수확을 얻으려면 정성을 더 들여야 된다는 얘기죠. 이런 부분에서 근본적으로 다르다는 겁니다.

정성문화

벼농사문화는 정성이 바탕이 돼 있는데, 똑같은 벼농사문화지만은 우리나라와 일본과 차이가 있다는 겁니다. 우리나라는 상당히 적당성을 위주로 하는데 일본은 정밀성이 유지됩니다. 일본이 첨단기업이 성공할 수 있었던 것도 저런 정밀성 때문입니다. 그러나 이제 21세기에 들어가면 적당성 이게 각광을 받는 시대가 오기 때문에 우리가 오히려 일본보다 앞설 수 있다는 얘기입니다.

서구문화와의 또 다른 차이로, 예를 들면 이 병풍문화에서 보는 신축성입니다. 병풍을 펴면 이게 벽이 되지 않습니까? 그리고 이걸 접어버리면 없어지잖아요. 그런데 병풍을 쫙 펼쳤을 때 그 병풍은 예술적인 공간이 됩니다. 병풍이 그냥 병풍이 아니잖아요? 거기에 그림이 있으니까 쫙 펼쳐 놓으면 예술공간이 되는 겁니다. 쫙 접어버리면 없어지는 거에요. 그러나 서구문화에 가면 완전히 벽이 돼버리잖아요. 그것은 움직일 수가 없습니다. 마찬가지로 양복, 한복도 마찬가지입니다. 양복이라는 것은 사람이 양복에 맞춰야 되는 형태 이지만은 한복이라는 것은 치마 같은 거 둘둘 말잖아요? 아무리 뚱 뚱하다든지 허리의 길이에 관계없이 입을 수 있다 그런 얘기입니다. 그게 바로 21세기적인 그런 후기 산업사회에 적응하는 에드호크러 시Adhocracy라는, 엘빈토플러가 말하는 그런 문화라는 뜻입니다. 침 대 하나 놓으면은 이것은 변화가 없잖아요. 그대로 늘 둬야됩니다. 그렇지만 우리 온돌방 같은 경우에는 요를 깔고 이불을 덮고 자고 그다음 걷어버리면 그대로 빈 방이 되지 않습니까. 이런 차이가 있 습니다.

그 다음요. 인간과 도구도 일체가 돼 있다. 이 많은 짐을 짊어질

후기 산업사회와 '혼'

병풍 문화의 신축성

수 있는데 인간과 도구가 일체가 돼 있다는 얘기입니다. 여기에 보면 보자기, 가방문화를 비교해보면 가방은 하나의 형태로 확정적이잖아요? 변화가 없는데 보자기라는 것은 얼마든지 부피와 무게를 다르게 할 수 있잖아요? 그리고 목적을 다 해서 그걸 딱 접어버리면 없어지지 않습니까? 근데 가방은 항상 제자리에 남아 그만큼 자리를 차지하고 있습니다. 이러다보니까 서양에서는 파괴공학이 성행할 수밖에 없다는 거지요.

그래서 유연한 가변의 기동성, 이것이 21세기의 관건이 됩니다. 여러분 돈키호테라는 소설 한 번 읽어보셨죠? 돈키호테에 나오는 걸 보면 돈키호테가 나갈 때는 항상 자기가 갑옷을 입고 기사가 되지 않습니까? 기사가 되려면 이 투구를 쓰고 갑옷을 입어야 됩니

후기 산업사회와 '혼'

4 일본과 차이
✓ 일본은 정밀성 한국은 적당성
✓ 문풍지 미학

5 서구문화와의 차이
✓ 병풍문화의 신축성
✓ 양복과 한복
✓ 침대와 온돌방

6 인간과 도구의 일체성
✓ 지게
✓ 보자기와 가방문화
✓ 서양의 파괴공학

다. 그런데 결국 갑옷과 투구가 돈키호테를 구속하는 그런 상황이 됩니다. 서구 쪽의 문화에서는 이런 형식이 오히려 사람을 구속하고 있고, 또 그 형식이 사람을 규격화하고 맙니다. 따라서 너무 구속적인 반면 후기 산업사회에서는 유연한 가변의 기동성이 관건이 됩니다. 이 조직 속의 한, 후기 산업사회 속의 한이 바로 한문화의 그런 에센스들이 여기에 다 걸맞게 되어 있다는 겁니다. 그래서 우리 민족이 후기 산업사회에서는 얼마든지 선두그룹에서 문화를 리드해 나갈 수 있다. 이런 점을 강조할 수 있다는 겁니다.

후기 산업사회와 '한'

지게

3. 글로벌 기업의 성공 사례

다음에 봅시다. 그러면 이 한문화가 성공한 사례를 짚어볼 필요가 있다고 생각해서 제가 이걸 하나하나 정리를 해서 여러분에게 강의 하겠습니다.

GE의 잭 웰치

잭 웰치 아시죠? 세계에서 가장 존경받는 CEO가 바로 이분이에요. 아까 저 사진이 있고, 요런 상표를 가지고 있습니다. 그런데 이분이 아주 안 좋은 소리를 많이 들어요. 왜 그러냐면 이 양반의 개혁을 웰치혁명이라고 합니다. 45살에 웰치가 회장으로 취임을 해가지고 250억 달러의 회사를 2,500억 달러 기업으로 성장을 시킵니다. 10배로 확장을 시키죠. 그리고 350개의 사업을 12개로 축소시켜버립니다. 1등 아니면 2등을 해라! 그것도 못하면 정리해라! 이게 그사람의 모토입니다. 기업의 모토에요. 1등을 해라. 정 1등을 못하겠으면 2등이라도 해라. 그것도 안되면 정리하라는 얘기에요. 이게 이사람이 갖고 있는 기업에 대한 자기 나름의 마인드입니다. 그 다음에 직원 42만 명을 27만 명으로 줄였습니다. 사람만 줄이다보니까이 양반의 별명이 중성자탄입니다. 이게 아주 안 좋은 얘기죠. 중성자탄은 건물은 파괴 안 하고 사람만 죽이잖아요? 그래서 이 사람이 중성자탄이라는 별명을 얻었습니다. 이렇게 많은 사람들을 감원을 시켰으니까.

그러면 이 사람을 왜 우리 한하고 관련시키느냐면 다음에 나오는 두 가지 때문입니다.

바로 이 웰치가 6시그마 운동이라는 것을 했습니다. 지금 우리 기업에서도 다 이거를 하죠. 품질혁신이라고 99.9999%! 십만 개를 만들면 한 서 너 개 정도 불량품이 있고, 그렇게 불량품을 최소화 시켜라 하는 게 이 6시그마 운동입니다. 그런데 이 6시그마 운동에 뭐가 들어갔냐면 바로 정성이에요. 물건 만들 때 정성을 들이라는 거죠. 정성을 들이지 않으면 안 된다.

자, 정성이라는 게 누구의 문화냐 하면은 이게 바로 우리 문화입니다. 여러분 잘 아시죠? 예를 들면, 웰치 회장의 사무실에 가면 마치 부흥회를 연상하게 했다고 합니다. 전쟁 치르듯이 전 사원이 하

글로벌 기업의 성공 사례

GE의 잭 웰치

세계에서 가장 존경받는 CEO

- ✓ '웰치 혁명' 45세 회장 취임
  - 250억$ → 2500억$ 기업으로 성장
  - 350개 사업 → 12개로 축소 집중
  - 42만 명 → 27만 명으로 Downsizing
- ✓ 중성자탄이란 별명
- ✓ 6시그마 운동(품질혁신)
- ✓ 워크아웃 프로그램(현장에서 실무자들과 토론하고 문제 해결)
- ✓ 하나 되는 문화

나가 되자. 그렇게 하나가 돼서 무결점 운동을 했습니다. 절대로 하자있는 제품 만들지 마라! 이거는 우리 GE회사의 영혼을 불어넣어서 물건을 만들자! 이게 소위 말하는 6시그마 운동입니다. 그래서 세계인이 거의 이 6시그마 운동을 모방하게 됩니다. 아마 우리나라도 거의 다 모방하고 있을 겁니다.

그 다음 봅시다. 워크아웃 프로그램이라는 건데, 이거는 뭐냐 하면, 어떤 문제가 있으면 임원이든 회장이든 현장에 뛰어가라. 현장에 가서 무슨 문제가 있는지 실무자들하고 토론해라 이 말입니다. 현장에서 해결하라 이겁니다. 우리가 생각하면 당연하죠. 그런데 미국에는 원래 블루칼라 화이트칼라라는 것이 완전히 구분 되어 있습니다. 화이트칼라는 현장에 안 내려갑니다. 이게 전통입니다. 절대 안 내려갑니다. 화이트칼라는 임원이라든지 간부들을 말하고 블루칼라는 현장에서 일하는 사람입니다. 당연히 구분이 되어 있어요. 그런데 웰치가 바로 그걸 깨뜨린 겁니다. 아니다! 현장에 가라! 현장에 가서 무슨 문제가 있는지 보고 그 사람들하고 의논해가지고 해결해라! 이게 여기에서 말하는 워크아웃 프로그램입니다. 잭 웰치는 철저하게 서구적인 문화를 갖고 있었지만 이런 서구문화에 동양문화를 플러스 시키면서 이 GE가 세계적인 기업이 되었다 이겁니다.

M/S의 빌게이츠

그 다음 봅시다. 마이크로소프트사. 이거 여러분 너무도 잘 아시잖아요. 빌게이츠가 세계에서 제일 부자 아닙니까? 하버드대 다니다가 중퇴해버리고, 막차를 탈 수 없다, 빨리 내가 이걸 해야겠다 하고 사업에 뛰어듭니다. 우리 컴퓨터의 90%가 이 분이 만든 것을 갖고 운영하고 있습니다.

인사 철학에 있어서 빌게이츠는 이런 얘기를 합니다. 다른 거는 서구문화와 다 같은데, 이 사람은 특색이 뭐냐면 하면은 회사와 사원은 하나가 돼야 한다고 얘기합니다. 회사와 사원은 하나가 돼야 한다. 이게 빌게이츠가 갖고 있는 모토에요. 그래서 아무개가 얼마만큼 회사 발전을 위해서 노력했느냐. 그 능력만큼 주식을 분배해 줍니다. 주식 분배하는 것도 이유 없이 하는 게 아닙니다. 회사는 내가 만들었지만은 이건 바로 여러분 거란 말이죠. 같이 하자는 거예

글로벌 기업의 성공 사례

M/S의 빌 게이츠

인사철학

✓ 능력만큼 주식을 분배
✓ 일벌레에게 최고의 성과급 지급
✓ 50세가 되면 그의 재산 중 95%를 자선단체에 기부

요. 이거 어떻게 보면 '우리'와 같은 개념입니다. 여러분이 잘하는 만큼 내가 주식을 분배해 주겠다고 하는 겁니다.

그래서 일벌레에게 최고의 성과급을 줬다. 이건 같은 얘기죠. 그 다음에 오십 세가 되면 자기 재산의 95프로를 자선단체에 기부하겠다고 했습니다. 자기가 갖는 것이 아니라 다 주겠다, 사회에 환원하겠다는 그런 얘기입니다.

S/B의 손정의

그 다음에 이 분은 손정의씨인데 일본 교포에요. 동양의 빌게이츠라 하는 분입니다. 소프트 뱅크라는 회사를 창립했어요. 이 양반이 81년에 25살 때 미국에서 돌아와 일본 전 시장을 돌아보고, 아이템을 41개 쯤 줄여서 어느 것을 하면 가장 성공할 수 있겠느냐 하고, 마지막으로 선택한 것이 소프트 뱅크를 만들자고 그랬습니다.

이 사람의 일화에 보면 이런 게 있습니다. 내가 앞으로 십년 후에는 500억 엔의 기업을 만들겠다. 그러니까 우리 돈으로 굉장하죠. 그로부터 이십 년 뒤에는 세계적인 기업을 만들겠다. 그러고는 사과상자 위에 올라서서 기업 선포를 합니다. 그 때 누가 있었냐 하면은 아르바이트 학생 둘이 손정의를 따라다녔습니다. 그 마흔 한 개를 조사할 때까지 말이죠. 그 둘을 앉혀 놓고 나는 이십 년 후에는 세계적인 기업을 만들겠다고 하니까, 아르바이트 학생이 쳐다볼 때 저거 미친놈이란 말이지. 그렇잖아요? 아무것도 없는 상태에서 그 사과상자 위에 올라가서 내가 말이지 앞으로 십년 후에 세계적인 기업을 만들겠다고 하니까 쳐다보면서 저거 미친놈이라고 하면서 다 가버렸어요.

근데 미친 사람 아니잖아요. 이 양반이 얼마나 많은 걸 했냐 하면요. 성장전략을 철저하게, MNA라는 거 있죠? 내가 기술이 없으면 기술이 있는 회사를 사라는 얘기입니다. 철저하게 사들였잖아요. 사들여가지고 지금은 세계적인 기업이 됐습니다.

재미있는 거는 이 양반이 야마모토라는 성을 가지고 있었는데 그때까지도 일본에 귀화를 안 했습니다. 그래서 귀화를 하는 조건이 뭐냐 하면은 나는 귀화를 해도 손씨 성을 그대로 두겠다는 겁니다. 그러면 무슨 문제가 생기냐면은 자기 아내는 일본 사람이잖아요?

글로벌 기업의 성공 사례

S/B 손정의

재일교포, 동양의 빌게이츠

✓ 81년 25세에 창업
✓ 98년에 세계적 기업으로 성장
✓ 리더는 사원들과 어울리는 것(신바람 경영)
✓ 귀화조건도 손씨 성을 유지(아내 성을 '손씨'로)

아내하고 성이 다르다는 겁니다. 그러자 아내가 나도 손씨가 되겠다고 했습니다. 그래서 아내 성도 손씨입니다. 손정의는 어떤 목표를 정해놓고 정말로 신바람 경영을 한 사람입니다. 그렇게 해서 오늘의 손정의가 된 겁니다.

4. MK택시의 유봉식 회장의 성공 사례

그 다음에 이 분은 말이죠. MK택시의 유봉식 회장입니다. 아마 여러분도 이분에 대해서 알고 계시리라고 생각이 되는데, 경상도 남해 출신입니다. 재일교포인데, 이 분이 1960년대에 MK택시를 만들었는데, 처음에 택시 열 대로 시작을 했다고 해요. 지금은 종업원 3,000명을 거느리는 대기업의 회장이 되었습니다.

처음에 택시회사 회장들이 모이는 자리에 연수를 갔는데 그 때 강사가 하는 얘기가 기사들은 소모품이다, 언제든지 갈아 치울 수 있다, 그러니까 기사 신경 쓰지 마라! 이 얘기를 듣고 유봉식 회장이 충격을 받았다고 해요. 아니다! 기사는 소모품이 아니다. 오히려 그 기사에게, 인간에게 투자하는 것이 바로 성공의 지름길이라 하고 다시는 그 회의에 참석을 안했다고 그럽니다. 근데 사람에게 투자하라는 이 생각이 우리문화로 한적인 겁니다. 인간을 중시하자는 것이지요.

그래서 제일 먼저 한 일이 뭐냐 하면 사원 주택을 만들었습니다. 그 당시에 일본에서 사원 주택을 만든다는 것은 아예 꿈에도 없었습니다. 당시 사원주택을 만든다니까 회사 사원들도 전부 믿지를 않았어요. 기공식 하는 마당에서까지도 반대하고 데모하고 그랬어요. 야, 유봉식 물러가라! 우리 가지고 노냐! 뭐 이런 얘기까지 하면서 말이죠. 근데 이 양반은 줄기차게 아니다, 나는 여러분을 위해서 이걸 하겠다! 유봉식 회장이 우리 한국 사람이기에 이런 발상이 가능했을 겁니다. 일본 사람은 이런 발상 자체를 못하잖아요. 그래서 지금은 100% 관사를 다 만들어 놨습니다. 처음에는 불신했는데 완공되니까 앞 다투어서 서로 들어가겠다고 하는 거에요. 그래서 다 들어갔습니다. 사원들이 관사에 입주하기 전에는 사고 건수가 한 달에 아홉 건씩 일어났는데 들어가고나서는 한 건 정도로 줄어들었다는 겁니다. 그 다음에 결근 일수가 합

유봉식 회장의 성공 사례

일본 MK 택시회사 회장

- ✓ 60년 회사 창립
- ✓ 택시기사는 소모품인가?
- ✓ 인간에게 투자하라
- ✓ 사원 주택 건립에 대해 모두가 불신
- ✓ MK단지 조성(弘益人間정신)
- ✓ 택시요금인하, 동업자들과 3년간 법정투쟁(自他一如)

쳐서 21일 정도 됐었는데 3일밖에 안 나왔습니다. 그러면 그만큼 안정된 거 아닙니까. 회사에서 그만큼 사원에게 배려를 해주니까 사원들도 열심히 노력하는 겁니다. 바로 거기에 우리 한문화적인 요소가 있었다는 거죠.

홍익인간

여러분, 홍익인간이라는 말 아시죠? 모든 사람이 두루두루 협력해서 잘 사는 나라. 그런 생각이 우리 한문화적인 생각입니다. 그리고 이게 재미있는 게, 세계적인 언론에서 문제가 되었던 것이 택시 요금 내리겠다는 거였습니다. 유봉식 회장의 아이디어입니다. 여러분, 택시요금 내리는 거 봤습니까? 우리나라에도 없었잖아요? 이분이 택시요금을 내리겠다고 했어요. 내리는 이유는 앞으로 택시업계가 살려면 택시요금을 내려야 된다는 거죠. 이러니까 택시 동업자들이 전부다 "저 놈은 미친 놈이다!" 그렇게 말할 것 아닙니까? 이래 가지고 고소를 했어요. 3년 간 법정 투쟁을 합니다. 유봉식 회장은, '내가 장기적으로 볼 때 택시요금을 내려야 택시업계가 산다. 더군다나 내리는 것은 우리 고객을 위해서 하는 거다. 우리가 너무 이익을 취하는 것이 맞지 않다. 같이 살아야 될 거 아니냐.' 이 얘기입니다. 이래서 법정 투쟁을 3년을 했어요. 이 얘기가 세계 언론을 탔어요. 근데 결국은 유 회장이 이겼습니다. 그래서 다른 회사도 같이 따라 내렸어요. 이게 유봉식 회장이 갖고 있는 독특한 한韓적 문화 마인드라고 볼 수 있습니다.

또 이 회사의 경영 특색이, 이 분은 회장실이 없습니다. 그 다음에 중역들도 모두 택시운전 면허를 가지고 있습니다. 언제든지 문제가 있으면 회장이든 부회장이든 상무 전무 할 것 없이 다 택시를 운전할 수 있는 면허증을 가져야 한다는 주장입니다. 면허증을 가지지 않으면 임원이 못 된다 그랬어요. 그래서 사원과 경영진이 하나다. 하나 맞지 않습니까? 이거 흔문화 그대로지요.

또 그 다음에 이 분이 생각했던 것이. 이 MK택시가 장애인에게는 완전히 팬이었습니다. 두 가지 이유가 있습니다. 첫째 장애인은 10프로 할인해줘라. 그 다음에 장애인의 휠체어 같은 것을 들고 취급하는 방법을 전 사원을 모아놓고 다 교육을 시켰습니다. 그 다음에 장애인은 우선해서 태워라. 예를 들어서 장애인이 있고 다른 손

유봉식 회장의 성공 사례

MK 경영특색

✓ 회장실이 없다
✓ 사원과 경영진은 하나다(上下一如정신)
✓ 신체장애자와 가족이 모두 MK의 팬이 되었다(두레정신)
✓ 시민의 소리를 듣는 운동(불손한 기사 파면조치)

님이 있으면 장애인부터 태워라. 10% 할인해줘라. 휠체어를 탈 때부터 내릴 때까지, 본인이 할 수 있을 때까지 도와줘라. 이러니까 장애인이 MK택시 팬이 안 되겠습니까.

5. '흔'문화의 보편성

그러면 우리 한 번 생각해봅시다. 두레정신에 대해 얘기 할 때, 자기 집에는 노동력이 없단 말입니다. 예를 들어서 과부들이 사는 집 안에는 어떻게 하겠습니까? 다 해주잖아요. 그런 정신입니다. 유봉식 회장이요. 이게 바로 한문화란 말이죠. 그리고 소리함을 통해서 불손한 기사라는 얘기가 계속해서 나오면 그 사람은 파면입니다. 바로 그 직업에서 물러나야 하는 겁니다. 그러니 시민과 함께하지 않으면은 MK회사에 있을 수 없다. 그런 얘기입니다.

기사 제복을 만드는데 세계적인 디자이너 네 사람을 초대해서 4년 동안 연구를 합니다. 아니, 기사 제복을 만드는데 세계적인 디자이너를 부르는 것도 여러분들이 상상하기에 좀 그렇지 않습니까? 게다가 4년 간이나 연구를 해가지고 말이죠. 그다음 디자인료를 개별당 1억씩 줍니다. 이게 바로 정情입니다. 내가 함께 일하고 있는 사람들의 제복 하나라도 그렇게 마음을 담고 정을 담아서 만들겠다는 뜻입니다. 그게 바로 유봉식 회장의 마인드였고, 바로 이 분의 경영마인드를 요약해보면 그 회사 사원, 인간을 위한 리더쉽, 이런 것들이 바로 우리 한문화의 에센스를 그대로 보여주는 사례입니다.

우리 문화의 보편성을 말하면서 아까 두레문화를 얘기했는데, 특유의 민주적인 집단 노동 형태라는 것은 아까 보셨지 않습니까? 이집단노동 형태가 전체를 하나로 아우르는 독특한 형태를 이루고 있다고 볼 수 있다는 겁니다.

에드호크라시 adhocracy

그 다음 후기 산업사회의 키워드인 에드호크라시라는 것은 '임시변통주의' 그런 내용들이 전부 다 아우러져서 한문화의 전형과 유연성을 확인할 수 있었습니다. 그럼 과연 보편성이 있느냐에 대한 내용은 제가 하나씩 하나씩 증명해 내려오고 있습니다.

그 다음에 글로벌 기업에서도 보셨죠. 아까 잭 웰치라든지 손정의, 유봉식 회장, 빌게이츠, 이런 분들의 내용을 쭉 보니까 그 분들의 성공 내용에 이런 한문화적인 요소가 가미되면서, 기존의 자기 경영철학에 그것을 가미함으로 해서 훨씬 더 효율적이고 능률적으로 진행이 되고 있다. 그런 얘기입니다.

지금도 보면 합리주의에 젖어있는 분들이 참 많거든요. 합리주의라고 하면 모두 다 괜찮고 거기에 대해서 이의가 없다고 생각하는 경우가 있는데, 실제적으로 20세기를 풍미했던 산업사회, 현대문화의 상징이라고 하면은 맥도날드라는 회사를 듭니다. 맥도날드 회사에서 최초에 시작했던 맥도날드 지점이 있어요. 이것을 폐쇄하려고 했습니다. 폐쇄하려고 하니까 미국에서 전폭적으로 반대운동이 일어났어요. 반대운동이 일어난 이유가 뭐냐 하면은, 그거를 파괴해서 되느냐, 그건 현대문화의 상징이다, 산업문화의 가장 핵심이 되는 상징이다. 쉽게 말해서, 미국문화에서 말하는 합리화니 효율화니 예측가능성이니 자동성이니 이런 문화의 상징이라고 하는 것이 바로 맥도날드 회사인데 그거 없애서 되느냐. 없애지 말고 차라리 박물관을 만들자. 이런 탄원이 미국에서 일어났어요. 그래서 그것을 받아들여가지고 맥도날드 최초의 상점이 지금 박물관이 되었습니다.

맥도날드

또한 92년도에 모스크바에서 맥도날드 상점을 개점을 하고 나서 기록이 있습니다. 하루에 맥도날드를 몇 개 팔았느냐? 3만 개를 팔

'한'문화의 보편성

✓ 두레문화 특유의 민주적 집단노동형태에서 보편성
✓ 후기산업사회의 키워드인 Adhocracy에서
　한문화의 전형과 유연성 확인
✓ 글로벌기업의 성공사례에서 한문화의 중심개념확인
✓ 유봉식회장의 일본에서의 성공은 대표적인 한문화의
　적용사례로 봄

았다고 합니다. 여러분 상상을 한 번 해보십시오. 얼마나 많은 개수를 팔았습니까. 말이 3만 개지, 어떤 상황이 벌어졌겠습니까? 줄을 쭉 섰겠죠. 맥도날드를 먹기 위해서 쭉 줄을 섰는데, 그럼 줄을 서는 것은 과연 합리적이냐. 이거 한번 생각해 볼 필요가 있는 거죠. 그게 합리적이냐. 계산에는 맞을지 모르지만, 사람을 생각하면 아니라는 겁니다.

여러분 이것이 중요한 차이입니다. 우리문화에서는 계산보다는 사람을 먼저 생각합니다. 근데 미국적인 사고에서는 계산부터 맞추는 거에요. 사람은 오히려 상관이 없는 것이다. 왜? 자기가 먹고 싶으면 줄 서서 먹으라는 거에요. 그런 것이 바로 맥도날드적인 사고방식입니다. 이게 성공한 비율이 네 가지가 있지만 이게 어떻게 문제가 되냐면, 바로 인간이 매몰돼버리고, 그 다음 또 문제가 되는 것이 합리성 자체가 비합리적이라는 겁니다. 그럼 그게 또 무슨 소리냐 하면, 예를 들어서 맥도날드를 만들기 위해 포장지를 만들려면 나무가 얼마나 많이 베어지겠느냐. 그 다음에 우유를 만들기 위해서는, 여러분들 맥도날드를 가면 우유 마시고 빵 먹고 그런 거 아닙니까? 그런데 이 우유를 만들기 위해서 젖소들에게 막대한 사료가 들어가겠죠. 이렇게 되면은 사료라든지 포장지라든지 아니면 많은 일회용 봉투도 그럴 것이고 마시는 잔도 그렇고 전부 일회용이잖아요? 이게 전부 환경오염을 시키는 겁니다. 그게 쌓이고 쌓이면 전부 환경오염이에요. 맥도날드화 하는 것이 합리화인데 이게 과연 맞느냐? 미국에서도 이 부분에 대해서 상당히 고민 하고 있고, 이 부분은 고쳐야 되지 않느냐 하는 그런 얘기가 되는 겁니다. 해서 앞으로 우리 한문화의 보편성이 성공하기 위해서 어떻게 해야 될 것이냐 하는 부분도 여기하고 관련을 시켜서 합리적인 문제를 다시 한 번 여러분께 설명을 드렸습니다.

우리가 말하는 개인적인 문제에 있어서도 이 한문화는 상당히 보편성을 가집니다. 예를 들어 봅시다. 흔문화는 한마디로 하나 되는 문화라고 전에 제가 결론을 내렸죠. 하나 되는 문화가 한문화에요. 금슬琴瑟이라는 게 뭡니까? 부부가 하나 되는 겁니다. 부부가 하나 되는 일이 금슬琴瑟인데, 그럼 부부가 하나가 안 되면 어떻게 되느냐. 너는 너고 나는 나다 하고 갈라지면 어떻게 됩니까? 이거는 금슬琴瑟이 아니죠. 그러면 그 가정은 불행해집니다.

제가 더 이상 굳이 설명을 안 해도 이해할 수 있을 겁니다. 그래서 항상 하나가 돼줘야 되는 겁니다. 하나가 될 수 있을 때, 아까는 우리가 조직이라든지 회사를 기준으로 해서 설명을 드렸지만은 개인적으로도 하나가 되는 것이 얼마나 중요한지를 제가 설명을 드리고 있는 거예요.

결혼식장에서 제가 주례를 서는 경우가 많은데, 러시아 사람들이 결혼을 하는데 신부 신랑에게 유리잔을 바닥에 깨게 하는 거예요. 우리의 풍속하고는 좀 다르지 않습니까? 유리잔을 깨뜨리는 이유가 뭐냐 하면은 네가 가졌던 고정관념 같은 것들을 전부 버리라는 얘기입니다. 뭐처럼? 지금 깨지는 유리잔처럼. 그걸 버리지 않으면 왜 안 되느냐? 하나가 안 된다는 거예요. 어떤 형체로든 하나로 합해질 수 있는 금슬, 이런 것도 개인적으로 보면 그런 내용이 된다는 얘깁니다.

인간관계

그 다음 인간관계도 마찬가지입니다. 인간관계라는 것도 가장 좋은 것은 그 사람과 하나가 되는 거예요. 그 사람과 하나가 안됐을 때, 제일 가까운 사람이 가장 많이 얼굴에 상처를 낸다고 그래요. 마음에도 상처를 내고. 사실 그렇잖아요. 멀리 있는 사람들은 부딪히는 일도 별로 없고, 그러니 서로 상처받을 일이 별로 없습니다. 가까운 사람일수록 상처를 많이 받을 수 있습니다. 왜? 매일 마주치니까. 특히 부부는 더하지 않습니까? 이러다보면 싸울 수도 있고, 아니면 영 남남이 될 수도 있지 않습니까? 또 어떨 때 보면 싸우다가도 다시 합해질 수 있죠. 그런데 둘이 하나가 안 되고 영 갈라지면 어떻게 되느냐? 이게 이제 한恨이 되는 거죠. 얼마 전 '한은 억압의 침전물이다.'라고 얘기했죠. 그러면 어떻게 해야 됩니까? 바로 해원을 시켜야 되죠. 바로 그 둘이 하나가 되게끔 만들어줘야 됩니다. 하나가 되면 그냥 풀어지는 거거든요. 하나가 되면 한韓이 되고, 하나가 안 되고 갈라지면 한恨이 되는 거예요. 마음속에 그런 것을 가지고 살아가지 말아야 되는 겁니다. 인간관계도 마찬가지입니다. 가장 좋은 것은 서로가 마음을 통해서 하나가 되는 길이에요. 하나가 되면 모든 게 해결이 됩니다.

여러분 나는 그런 얘기를 자주 하는데요. 아무리 머리 좋은 사람도 노력하는 사람은 못 당한다고 하잖아요. 또 아무리 노력을 잘하는 사람도 사람을 잘 다루는 사람, 인간관계가 좋은 사람에게는 못 당한다고 합니다. 또 아무리 인간관계를 잘한다 하더라도 운이 좋은 사람에게는 못 당한다는 얘기죠. 운 좋은 사람이라는 것도 무시 못 하잖아요. 메이지가 '해군 제독을 누구로 시킬 것인가.' 하고 고민할 때, 마지막에 두 사람이 올라왔습니다. 그래서 참모들에게 물어요. 이 두 사람 중에서 이 사람은 무엇 때문에 올라오고 이 사람은 무엇 때문에 올라왔냐고 물어봐요. 한 사람은 실력으로 올라왔고, 한 사람은 별로 실력이 없는데 운이 좋아서 올라온 거 같다. 이렇게 됐어요. 여러분 누구를 택할 거 같아요. 메이지는 운이 좋다는 사람을 선택했습니다. 이 사람이 러시아 함대를 침몰시킨 바로 그 사람입니다. 그거 모르는 겁니다. 메이지가 생각할 때는, 운 좋다. 그거는 하늘이 주는 겁니다. 그건 누가 시켜서 되는 게 아니잖아요. 그러니 실력 있는 사람보다 운 좋은 사람이 훨씬 낫겠다. 그래서 낙점을 한 거에요.

그래서 결국은 인간관계라는 것도 상당히 요령이나 기술이 필요한 부분인데 얼마만큼 또 화합을 잘 시켜주느냐 하는 그런 부분과도 관련이 있다. 환경문제도 마찬가지죠. 환경문제도 한마디로 말하면, 우리나라의 기본적인 사상 같은 경우에도 환경문제가 없습니다. 홍익인간에도 환경문제가 없습니다. 왜? 모든 것을 나처럼 생각하거든요. 그러니까 사람도 개도 돼지도, 아니면 나무도 개울도 전부 내 몸처럼 생각하니까 우리나라 같은 경우는 환경문제가 안 생깁니다. 그런 내용인데, 어쨌든 그게 바로 내 주위에 있는 모든 것과 내가 하나가 되는 거예요.

개인적으로 보더라도, 다음에 남북통일 이후 민족화합을 할 경우에도, 머지않은 장래에 미래학자들이 그렇게 보고 있거든요. 얼마 안 가면 남북통일이 될 것이다. 그러면 남북통일이 됐을 때 한 쪽은 김일성 주체사상이고 다른 쪽은 자본주의사상인데 이것을 어떻게 조화할 것이냐. 그것은 우리 민족문화 한韓문화로밖에 조화할 수 있는 길이 없습니다. 그렇게 되면 우리 것이니까 관계가 없지 않느냐는 것입니다.

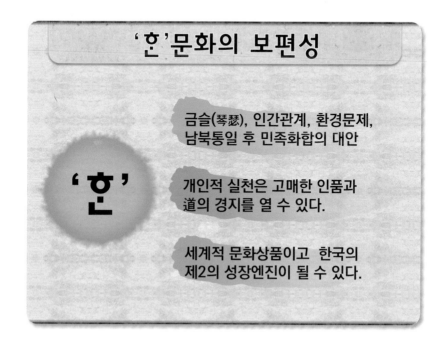

'흔'문화의 보편성

'흔'

금슬(琴瑟), 인간관계, 환경문제, 남북통일 후 민족화합의 대안

개인적 실천은 고매한 인품과 道의 경지를 열 수 있다.

세계적 문화상품이고 한국의 제2의 성장엔진이 될 수 있다.

삼일신고

이 한韓이라는 것은, 개인적인 실체라고 하면 고매한 인품과 도의 경지를 열 수 있습니다. 다음시간 6강에 가면, 제가 이 부분에 대해서 상세하게 설명을 해 드리겠습니다. 신선도에 관한 것인데, 여기에 고매한 인품과 도의 경지에 갈 수 있는 구체적인 방법이 있습니다.

삼일신고라는 우리나라의 경전이 있어요. 그 중에 진리훈에 들어가면 사람이 신선되는 방법을 하나하나 아주 체계적으로 간명하게 설명을 하고 있습니다. 그때 제가 설명을 드리면 여러분들께서 이해가 쉽지 않을까 싶습니다.

그동안 제가 다섯 번의 강의를 통해서 조직 속에 한韓도 보았고, 후기 산업사회와 비유해서 한韓을 보았고, 그다음 세계적인 글로벌 기업의 성공사례를 통해 한의 문화는 현재 어떤 관계에 있는지도 보았습니다. 또 우리나라 사람으로서 세계적인 기업을 만든 유봉식 회장의 경우도 한 번 보았습니다. 여러 가지를 봤을 때 본인은 분명히 이 한이 세계적인 문화상품이 될 수 있다고 확신합니다.

우리나라가 GDP 2만 불 시대에 와 있거든요. 이 2만 달러 시대에 와 있다는 것은 경제적인 능력으로는 선진국 수준의 입구까지 왔다는 뜻입니다. 그 다음에 우리가 해야 할 것은 우리가 가지고 있는 정신문화, 우리의 민족의 원형질인데 이걸 우리가 가지고 있어야 됩니다. 이걸 가지고 있어야 세계 속에 나아가서 그 사람들과 어우러질 수가 있거든요.

국수주의나 쇼비니즘이라는 말이 있습니다. 우리 것만 주장하고 남의 것은 폐쇄하자 이런 뜻이 아니에요. 문화라는 것은 진화를 해야 됩니다. 문화가 진화하려면 항시 외국문화와 부딪혀야 됩니다. 부딪히면서 우리 것도 안 좋은 것이 있으면 버려야 되고, 또 들어오는 남의 문화도 보고 좋은 것은 취사선택을 해줘야 됩니다. 그러면서 우리 것은 더욱 더 진화시켜 나가야 되는 거예요. 이게 우리가 해야 될 일입니다. 단, 우리 것이 없으면 안 됩니다. 우리 것이 없으면 기준이 없어지잖아요? 그 것을 일러서 National Identity라 그래요. 민족 정체성이라 그러거든요. 그런 의미에서 오늘 5강에서 한 문화는 곧 세계적인 문화코드가 될 수 있다는 것을 확신하면서 제 강의를 마치겠습니다. 감사합니다.

제六강 혼은 신바람을 일으킨다

제6강
'훈'은 신바람을 일으킨다

반갑습니다.

지난 5강에서는 우리 훈문화가 과연 세계적인 문화 코드가 되느냐 하는 부분에 대해서 몇 가지 조직이라든가 또 성공사례라든가 그런 측면에서 쭉 훑어보았습니다.

1. '훈'사람의 원형

이번 시간에는 '훈은 신바람을 일으킨다'라는 강의를 하겠습니다. 마지막 시간이 되겠는데 먼저 훈문화의 전형적인 사람들이 있습니다. 이분이야 말로 훈문화를 가장 잘 표현했다 하는 몇 분을 여러분들에게 소개해 드리겠습니다.

광개토대왕

    제일 먼저 생각할 수 있는 분이 광개토대왕입니다. 여러분들 너무 잘 아시죠? 이분은 우리 동양의 알렉산더라는 말을 합니다. 재임 기간이 불과 20여년 밖에 안되었지만은 64개의 성을 함락했고 1,400여개의 마을을 정복했다고 역사상에 그렇게 기록이 되어 있습니다. 대단하신 분이시죠. 그런 대왕으로서 우리나라 한문화를 상징하는 대표적인 분이라고 생각할 수 있는데, 할아버지가 고국원왕이었어요. 할아버지 고국원왕이 백제와의 전투 중에 백제의 근초고왕이 쏜 화살을 맞고 전사를 하시게 됩니다. 그래서 손자인 광개토대왕이 '내 이원수는 꼭 갚고야 말겠다.'고 다짐하면서 17세에 등극을 합니다.

1 '혼'사람의 원형

등극하기 전에 이 분이 했던 일을 보면요. 여러가지 자료를 보면 정안법正眼法, 바를 정正 자에 눈 안眼 자를 썼는데, 그걸 1년 동안 수련했습니다. 날아오는 화살이 서까래처럼 보이게 하는 그런 수련법이 있어요. 여러분들이 잘 아는 야구의 전설로 일컬어지는 베이브 루스인가 미국의 신화적인 타자있지요? 이 사람이 피처가 야구공을 던지면 공 하나가 배구공처럼 보인답니다. 그런 경지에 가야 전설이 되겠지요. 베이브 루스에 대한 유명한 실화가 있지요. 이번에 홈런은 이쪽이다 하고 쾅 치면 이쪽으로 넘어가고, 다음에는 저쪽으로 치겠다하면 저쪽으로 갔다고 해요. 아주 신기神技에 가까운 정도였는데, 정안법正眼法도 이처럼 날아오는 화살을 본인이 보고 놓치지 않는 겁니다. 놓치지 않고 쳐다보니까 화살 굵기가 기둥처럼 그렇게 크게 보인다는 겁니다. 정확하게 말씀드리면 화살이 날아오는 쪽을 향해서 눈을 감지 않는 겁니다. 그것 참 어렵지 않습니까? 화살이 얼마나 빠르게 날아오는데 그걸 끝까지 보느냐는 얘기지요. 그걸 하기 위해서 베틀 아시죠? 옛날 사람들이 베를 짜는 이 베틀 밑에 누워서 1년 동안을 그 베틀 실오라기 하나하나를 다 구별을 했답니다. 아마 그만큼 자기 할아버지 고국원왕의 복수를 해야 되겠다는 마음이, 그런 일념이 그렇게 하도록 하지 않았겠느냐 하는 생각이 드는데, 참 대단한 분입니다.

그래서 몰기沒技의 경지까지 갔다고 그래요. 없어질 몰沒 자, 기술 기技 자를 쓰는데 이게 무슨 말이냐 하면, 화살 다섯 개를 한꺼번에 쏜답니다. 그 화살 다섯 개가 다 과녁을 정확하게 맞춘다고 합니다.

이걸 몰기의 경지라고 합니다. 이 경지까지 갔다고 그래요. 이분이 왕위에 오르기 전에 고구려에서 제일 활을 잘 쏘는 사람을 불러서 "당신이 나를 보고 활을 쏘라."고 그랬어요. 대왕이 서 있고 한 50 미터 밖에서 활을 쏘게 하지요. 그 당시에는 왕자님 아닙니까? "왕 자님 저는 못 합니다."고 하니까 "아니다. 무서워하지 말고 쏘라." 고 합니다. 왕자가 명령하니까 할 수 없이 왕자를 보고 화살을 쏩니 다. 그러자 화살을 잡았단 말이에요. 그러고는 "장군하고 나하고 있 었던 이야기를 아무한테도 얘기를 하지 마라." 그래요. 그런 경지가 정안법으로 얻은 신기예요.

그런 경지에 있던 분이 광개토대왕입니다. 이분이 17세에 등극하 셔서 38세에 돌아가셨는데, 20년간 갑옷과 투구를 벗지 않았다고 합니다. 정복을 한 사람이었는데, 한국의 큰바위 얼굴입니다. 그렇 게 평을 하면 가장 적절할 것 같습니다.

대왕의 업적을 적은 내용으로 광개토대왕비가 있지요? 팔백 몇 자를 쓴 글인데, 그때 영토를 얼마나 확장을 했는지에 대한 내용들 이 다 적혀 있습니다. 그래서 이분은 어떻게 보면 우리 한 사람의 어 떤 원형이 아니냐는 생각을 해봅니다. 왜 그런 생각을 하냐 하면 우 리 역사상에 고조선의 영토를 이분이 가장 많이 복원했습니다. 우 리 역사상에서요.

고조선 영토를 두고 가장 연구를 많이 하신 분이 윤내현 교수입 니다. 『고조선 연구』라는 책을 아마 읽어 보신 분이 계실 겁니다. 그 책 굉장히 두껍지요. 9백 몇 페이지 되는 책입니다만, 쭉 읽어보면 여러 가지 문헌과 발굴된 자료 유적을 갖고 하나하나 증명을 해 갑니다. 그분의 이론에 의하면 난하라고 해요. 난하 다음에 대능하, 그 다음에 요하가 있는데, 난하가 어디 있느냐 하면 만리장성이 출발하는 데 그 강이 난하입니다. 광개토대왕 시절에 거기에서부터 우리 한반도까지 거의 다 차지했던, 가장 많이 고조선의 영토를 확보했던 분입니다. 그러니까 그분이야 말로 우리 한문화의 뿌리가 될 수 있다 이렇게 볼 수 있겠지요.

원효대사

그 다음 봅시다. 한사람의 원형을 찾으라면 아마 원효대사가 아니냐는 생각을 해봅니다. 너무 잘 아시죠? 만유심조론萬有心造論이라는, 만 가지가 다 마음에 달려 있다. 이분이 당나라에 구도길을 떠나다, 저녁에 무덤 속에 들어갔지요. 옛날에는 문이 있는 무덤이었습니다. 그 안에 들어가 잠을 자다가 바가지에 있는 물을 마셨는데 아침에 일어나보니 해골물이더라. 다 잘 아시는 내용이지요? 그래서 그 순간에 이분이 전부 막 토하지요. 그래서 깨달은 바가 '아내가 지난 밤에는 아무 생각없이 그냥, 그것도 아주 달게 마셨는데 아침에 보니 아니더라. 그러니까 만 가지 일은 마음이 만든 것이다. 도가 딴 데 있는 것이 아니라 마음이 곧 도다.' 바로 깨치지 않습니까?

그래서 의상만 보내고 본인은 신라로 돌아옵니다. 원효스님이 왜 한 사람의 전형이냐 하면요. 화엄철학에서 '일즉다야一卽多也라', 하나가 많음이고, 많음이 바로 하나다. '하나는 하나지 많음이 왜 같으냐'라는 얘기를 할런지 모르겠지만, 사실은 하나라는 것이 우리 한사상의 근본적인 아이템이지요. 우리 민족의 공통 코드Code인데 이 하나가 모든 것을 만들어 냅니다. 그러나 또 다시 이 모든 것이 또 다시 합쳐지면 모두 하나가 되는 거예요. 그러니까 하나와 많다는 것, 일즉다一卽多 다즉일多卽一이라는 것은 같은 원리라고 얘기합니다. 그래도 잘 이해를 못한다면 비유를 하나 들지요.

지금 내가 사는 포항에서 출발할 때는 하늘이 맑았어요. 그러니까 포항 하늘은 맑았다. 대전에 오니 갑자기 소나기가 쏟아지더라는 말이지요. 대전 하늘은 지금 소나기가 쏟아진다. 그럼 어느 하늘이 진짜 하늘인가? 그러면 여러분이 생각하기에 대전 하늘은 비가 오는 하늘이고, 포항 하늘은 햇빛이 쨍쨍한 하늘이다. 그런건 아니지요?

하늘은 똑같은 하늘입니다. 그냥 모습만 다를 뿐이라는 이야깁니다. 그러니까 '일즉다 다즉일'이라는 말은 여러 가지 하늘의 모습이지만 결국 하늘은 하나라는 겁니다. 그런 의미에서 이분이 논리로 만들어 낸 것이 십문화쟁론十門和諍論입니다. 무슨 이야기냐 하면, 그 당시에만 하더라도 학파가 여러 개가 있었어요. 그걸 다 하나로 아우르는 그런 일을 하셨어요. 즉, 십문이라는 열 개의, 그 여러 가지 학설들을 다 화쟁和諍, 하나로 묶었다. 혼사상, 혼문화라는 것은 하나죠? 모든 논쟁들도 바로 대전 하늘이 비오고 포항 하늘은 맑고 서울 하늘은 구름이 끼었다. 이런 얘기를 다 끌어 모으면 그냥 하늘은 하늘이지, 또 그 하나의 변화하는 모습이지 하늘이 따로 열 개 스무 개 있는 것이 아니라는 얘기죠. 그런 의미에서 십문화쟁론十門和諍論을 정리를 합니다.

우리나라에서 원효스님을 대수롭지 않게 생각할지도 모르지만, 원효스님에 대해서 연구하는 그런 기관이요 외국에 수 십 개의 대학이 있습니다. 그러니까 불교가 인도에서 씨앗이 되었다고 하면 중국 불교에서 꽃을 피웠고, 한국에 와서 완전히 결실을 하는 그런 겁니다. 유학도 마찬가지입니다. 그렇게 우리나라의 학문은 모든 학문들을 전부 하나로, 정수로 뽑아내는 역할을 했는데요, 그렇게 문화의 용광로 같은 역할을 한 것이 우리 한문화였습니다. 그렇게 보시면 여러분들 큰 착오가 없을 것 같습니다.

그래서 나누어서 보면 다르지만 합쳐서 보면 하나라는 얘깁니다. 비빔밥 같은 예를 들어도 다르고, 어떤 사람은 아 이거 좀 맵다 아니면 뭐 이거는 너무 짜다 이러지만 한마디로 요약하면 아 맛있다. 맛있다는 것은 오미가 다 갖춰져 있다는 겁니다. 김치도 마찬가지입니다. 오미, 쓰고 시고 짜고 뭐 달고 맵고 이런 내용들이 다 들어 있거든요. 오행이 다 들어 있다 그럽니다. 묵은 김치가 그냥 생김치보다 훨씬 맛있는 이유도 그와 같은 이치입니다. 그래서 한문화의 정수를 보여줬던 분이 원효스님이라고 그렇게 보면 여러분들이 이해가 쉬울 겁니다.

그 다음에 봅시다.

퇴계와 율곡

그 다음에는 유학입니다. 원효스님이 인도에서 중국으로 해서 온 불교를 하나의 십문화쟁론으로 만들어서 결론을 맺으셨다고 얘기할 수 있다면, 유학은 퇴계와 율곡 선생님에 와서 완전히 결실을 합니다. 그래서 여기도 공자님이 씨를 뿌리고, 송나라의 주자, 증자 같은 분들이 꽃을 피웠다면 퇴계 선생에 와서 최고봉이 되면서 이제 결실을 합니다. 그럼 왜 같이 붙여 놨느냐 하면, 결론적으로 말하면 퇴계가 최고봉입니다.

그런데 율곡 선생님은 퇴계 선생님이 결론을 내놓은 것 중에서 하나는 맞고 하나는 아니라고 그렇게 이야기했습니다. 하나는 맞고 하나는 아니라고 한 것이 뭐냐 하면, 예를 들어서 퇴계 선생님

'혼'사람의 원형

1 광개토대왕

✓ 正眼法
✓ 동양의 알렉산더
✓ 광개토대왕비

2 원효

✓ 萬有心造論
✓ 화엄철학인 —卽多 多卽—
✓ 십문화쟁론

3 퇴계와 율곡 철학

✓ 理氣論으로 新儒學의 精髓를 완성

부터 먼저 말씀 드리면 이理와 기氣가 있는데 이와 기에 대해서는 자, 3, 4강 때 제가 설명을 드렸지요. 이理는 씨앗이라고 하면, 여러분과 나는 똑같이 사람이라는 씨앗(理)입니다. 그리고 기는 사람마다 다르게 받은 에너지예요. 그래 여러분하고 나하고 얼굴이 다른 것은 기가 다르기 때문에 달라지거든요. 그런데 퇴계는 각각 이理도 발하고 기氣도 발한다고 합니다. 이는 사단四端이라해서 측은지심惻隱之心, 수오지심羞惡之心, 이런게 있잖습니까? 이理가 발해서 기氣가 따라오고, 또 기氣는 칠정七情을 기라했는데요, 기氣가 발하고 이理는 탄다, 이렇게 이야기했어요. 이와 기는 이원, 두 개가 다 작동을 한다. 이렇게 봤는데 율곡 선생님께서는 이理가 발해서 기氣가 타는 것은 틀렸다. 기氣가 발하고 이理가 타는 것만 진리다. 이렇게 말씀하셨습니다.

그럼 이게 무슨 소리냐? 조금 어려운 말인데 비유를 하겠습니다. 퇴계 선생님이 왜 이理와 기氣를 다 인정을 했느냐 하면, 비유를 이렇게 이야기 합니다. 예를 들자면, 사람이 말을 타고 간다고 가정하자. 사람이 말을 타고 갈 적에 말은 시키는 대로 할 것 아니냐. 맞지요? 이리 가자 하면 이리 가고 저리 가자 하면 저리 가고, 워~ 하면 서잖아요. 그러니까 사람이 이라면 말은 기다. 이렇게 설명을 합니다. 근데 이율곡 선생님은 어떻게 설명하느냐 하면, 그건 아니다. 예를 들어서, 달이 있다 하자. 달은 가만히 있는 거다, 움직이는 게 아니다. 아니잖아요? 그런데 거기에 구름이 와서 흐려진다. 이처럼 사람이 태어난 본성이 달이라면 곧 변함이 없는 이요, 달을 가리는 것,

즉 비도 오고 구름도 오고, 그것은 기氣라는 얘기죠. 이理는 달과 같은 것이고, 그냥 가만히 있다. 근데 뭐가 문제가 되느냐 하면 기氣가 와서 흔들어 버린다. 그러니까 이理는 움직이는 게 아니다. 여러분과 나하고 사람이라는 이理는 같다는 겁니다. 다만 기氣만 다르기 때문에 이런 문제가 일어난다.

이렇게 해서 퇴계 선생님의 두 가지 학설 중에서 하나는 인정을 하고 하나는 인정을 안한 것이 율곡 선생님인데, 기일도설이라는 게 그겁니다. 조금 어려운 문제인데 너무 깊이 들어가면 복잡하실 것 같고 해서 넘어 가겠습니다.

왜 이분들을 한사람의 원형이라고 하냐 하면, 유학을 전부 이렇게 그동안에 있었던 모든 논리들을 집대성해서 하나로 딱 세워버렸습니다. 그래서 어떤 사람이라도 유학을 공부하려면 퇴계를 넘지 않으면 안 됩니다. 그래서 퇴계를 연구하는 대학이 세계에서 수십 군데가 있다고 합니다. 우리는 몰라도요. 심지어는 유학을 연구하는 유명한 미국 교수가 도산서원에 와서 우리말로 제사를 지내는 모습을 어느 TV프로그램에서 본 적이 있습니다.

자, 그 다음 봅시다.

2. 신인神人의 부활을 기대한다

그 다음에 신인의 부활을 기대한다는 부분인데 여기에서 여러분, 신인이라는게 뭐냐하면요. '사람은 신이 될 수 있다'는 생각을 한 게 우리 선조들이었습니다. 여러분들, 신선이라는 말 많이 들어 보셨잖아요? 사람은 신선의 경지에 갈 수 있다고 봅니다. 옛날 분들 중에 실제로 신선이 되신 분들도 역사에 보면 있습니다. 그런데 세상이 바뀌고 어지러워지니까 그런 경지까지는 못 갔지만, 옛날에는 그런 분들이 있었다고 기록에는 있습니다.

예로부터 우리 민족은 사람과 신이 하나가 될 수 있다는 생각을 갖고 있었으며 이를 설명한 3대 경전이 있었습니다. 『성경』이 있고 『불경』이 있는 줄을 아는데 우리나라 선조들께서 보시던 세 가지 경전이 있다는 건 잘 모르시더라구요.

그 첫째가 『천부경』입니다. 『천부경』은 81자로 되어 있지요. 『천부경』은 우주의 진리를 81자로 설명을 해놓은 경전입니다. 가장 기본이 되는 경전입니다. 이게 '일시무시일 석삼극무진본' 이렇게 나가는데 제일 끝에 가면 '일종무종일'로 마무리됩니다. 일시무시일, 하나에서 시작하지만 사실은 모든 게 하나다. 그러니까 81자 중에서 한 일 자가 들어가는 게 11번이나 나올 정도로 하나를 강조하고 있습니다. 그런데 이 부분에 대한 정확한 해석이 잘 안되고 있습니다. 『천부경』을 해석해놓은 책은 많이 있지만 말입니다. 어쨌든, 한마디로 『천부경』은 ᄒᆞᆫ사상을 요약해 놓은 경전으로 보면 될 것입니다.

그 다음에는 『삼일신고』인데, 총 366자로 요약되어 있습니다. 주로 신학서라고 보시면 돼요. 신학을 체계화했습니다. 예를들면 천훈天訓, 신훈神訓, 천궁훈天宮訓, 세계훈世界訓, 진리훈眞理訓 등을 설명한 경전입니다.

그 다음에 『참전계경』은 을파소라는 분이 천서를 얻었는데, 그 내용은 세상을 다스리는 이치입니다. 366개의 모델, 366사라고 그래요. 그걸 모아서 정치적으로 이걸 어떻게 풀어나갈 것이냐를 지혜롭게 풀어놓은 책인데, 요것이 논리학이라고도 볼 수도 있고 정치학이라고도 볼 수 있습니다.

이 『참전계경』에 깊이 들어가보면 굉장히 좋은 잠언과 얘기들이 있습니다. 예를 들어보면 성실하라, 진실하라, 믿음을 가져라, 사랑하라, 구제해줘라, 복과 화를 잘 구별하라, 그 다음에 응보에 대해서 알아라 하는 그런 8가지 아이템을 제시하는 교훈입니다.

자, 그 다음 넘어갑시다.

神人의 復活을 기대한다

우리민족의 3대 경전

✓ 천부경 : 造化원리의 哲學書
✓ 삼일신고 : 敎化원리의 神學書
✓ 참전계경 : 治化원리를 개관한 論理學

삼진三眞 삼망三妄 삼도三途

『삼일신고』 내용 중에 키워드key word로 삼진三眞 삼망三妄 삼도三途가 있는데요. 삼진三眞은 형이상학이고, 삼망三妄은 형이하학이고, 삼도三途는 신의 경지에 이르는 수도방법이라고 그럽니다. 아까 5강할 때 신선이 되는 방법에 대한 이야기를 하겠다고 했는데 뒤에 설명을 드리겠습니다.

『삼일신고』「진리훈」에 나오는 얘기가 이 얘깁니다. 아까 설명에 이것은 형이상학, 이거는 형이하학, 이거는 망이 진이 되는 방법을 이야기 한 내용이거든요. 그래서 이걸 보면 성명정이라고 되어있는데 이게 사람이 타고난 겁니다. 이건 이理에 해당하고 요건 기氣에 해당하고 요건 몸을 말합니다. 이 성性과 명命 사이에 바로 정精이 있다는 겁니다. 사람의 정精은 타고나는데 한계가 있다고 합니다. 많이 타고 난 사람도 있고 적게 타고난 사람도 있고, 많이 타고난 사람은 오래 살겠지요? 적게 타고난 사람은 빨리 가는 거죠. 그건 누구도 모르는 겁니다. 일단 타고난 정精입니다. 그런데 이것은 선악도 없고 귀천도 없고 아무 것도 없는데, 다만 사람이 타고날 때 심기신이라는 형태로 나타난다는 겁니다. 이理가 사람에게서 와서 나타나는 게 마음(心)이고, 명命이라는 것이 사람한테 나타나는 것이 기氣입니다. 에너지라는 거지요. 그 다음에 정精이라는 것이 나타나는게 내 몸(身)입니다. 근데 이게 뭐가 문제가 되느냐 하면요. 예를 들어서 이 마음이, 신이라는 것은 사람이 선악이 있어요 착한 마음을 타고 난 사람이 있고 악한 마음을 타고 난 사람이 있잖아요. 그런 게 있고. 그 다음에 기氣도 청탁淸濁이라 해서 아주 맑은 기氣를 타고난 사람이 있고 탁한 기氣를 타고 난 사람도 있는 겁니다. 사람들을 보면 아주 말쑥하게 생긴 사람들이 있고 텁텁하게 생긴 사람이 있어요. 얼굴 보시면 알잖아요. 그러니까 그런 것이 청한 기운 탁한 기운을 타고나서 다르다는 얘기입니다.

그 다음에 신身인 몸도 다르지요 후박厚薄이라고 해서 두텁게 타고나느냐 얇게 타고나느냐, 즉 귀하게 태어났느냐 천하게 태어났느냐를 구별하는 겁니다. 그래서 심기신의 작용이 다르기 때문에 타고난 성명정이 심기신으로 해서 혼란스러워지는 거예요. 그래가지고 사람은 정확하게 성인이나 신선이 못된다. 그러면 신선되려면 어떻게 해야 되겠느냐? 바로 마음을 잘 다스리는 것이 지감止感이

神人의 復活을 기대한다

'삼일신고'의 내용

✓ 3眞 : 형이상학
✓ 3妄 : 형이하학
✓ 3途 : 신의 경지에 이르는 수도방법

신의 경지에 이르면 大德人, 大慧人, 大力人이 된다.

고, 기운을 다스리는 것이 호흡, 조식調息이고, 몸을 다스리는 것이 금촉禁觸으로서 이게 바른 몸가짐입니다. 이 세 가지만 정확하게 할 수 있다면 누구나 신선이 될 수 있다 이렇게 보는 거예요.

지감止感 조식調息 금촉禁觸

근데 공교롭게도, 보십시오. 고대의 우리 사상 중에서 지감은 바로 이게 마음 다스리는 것은 여러분 아시지요? 견성성불見性成佛하는 바로 불가의 진리입니다. 그 다음에 바른 호흡을 하고 얼을 가꾸는 이것은 수기법인 노장철학입니다. 도교라는 거죠. 그 다음에 금촉禁觸이라는 것은 바른 몸가짐이거든요. 수신제가치국평천하修身齊家治國平天下 했던 공자의 유학을 얘기한 겁니다. 그러니까 이게 고대의 말이죠. 우리나라에 유학이나 불교나 도교가 안 들어 왔을 때부터 이런 것이 이미 삼일신고 내용에 모두 들어 있었다고 하는 겁니다.

잘 생각해 보시면 여러분들이 생활하실 때 바로 저런 것이 도움이 됩니다. 예를 들면요. 마음 다스리기를 하는 경우에 주로 석가에서부터 이런 걸 많이 하잖습니까? 아침에 일어나서 마음을 다스리는 그런 참선을 한다든지 명상을 한다든지 어느 방법이든 좋습니다. 기독교 믿는 사람은 기도를 한다든지 이게 전부 다 지감止感이거든요. 재미있는 것은요. 자 보세요. 감각을 멈춰라 하는 거죠. 감각을 멈춰라 하는 것은 오감을 멈추라는 뜻입니다. 보고 듣고 이런 걸 다 버리라는 겁니다. 그러면 오감을 버리면 어떻게 되느냐? 그 다음에 나타나는 것이 육감입니다. 육감이라는 게 어떤 거죠? 이것이 창조를 하는 거고, 이것이 그야말로 기발한 아이디어를 찾아냅니다. 육감이라는 것이 작동을 하게 되면은, 쉽게 말하면 천재적인 창조법을 만들어 낼 수 있는 겁니다. 지감을 하지 않으면 육감은 안 나타나게 됩니다.

개인적으로 나는 시를 쓰는 사람인데 시를 쓰다가 막히는 경우에는 그냥 앉아서 지감止感을 해봅니다. 그냥 앉아서 참선을 하는데 하다가 보면 어느 순간에 답을 풀게 됩니다. 여러분들도 그렇게 한번 해보세요. 예를 들면, 내가 아무리 해도 안 풀린다. 안 풀릴때는 여러분이 여러분의 머릿속에다 숙제로 집어넣어보세요. 넣어버리면, 우리 머리라는 것이 아주 묘한 겁니다. 이게 자기들끼리 찾아요. 나는 자고 있는데 내 머리는 무의식 속에 들어가서 이 사람이 뭘 찾고 있는데 도대체 모른다고, 뭔지 한번 알아보라고 자기들끼리 막 이렇게 논의discussion를 합니다. 새벽에 딱 일어나보니까 '아 그거다!' 하는 답이 나와 있어요. 내가 아무리 생각해도 안 되는 그 해답이 아침에 자고 일어나면 '아 그거다!' 하고 딱 튀어나와 버립니다.

여러분도 한번 해보세요. 그게 가능합니다. 아인슈타인이 자기 머리의 10%밖에 안 썼다고 그랬거든요. 우리 같은 사람들, 중생들이야 10% 쓰겠습니까? 한 자리 숫자예요. 무의식 속에는 무한대의 가능성을 갖고 있습니다. 그걸 인간이 계발을 못한 겁니다. 그 계발하는 방법을 지감止感으로 하라, 육감으로 하라 그 말입니다. 이게 옛 고대의 우리 한문화 연구를 하다보면 나는 이게 가장 백미라고 생각합니다. 이렇게 우리 선조들이 다 찾았구나 하고 말입니다.

조식調息하는 거요. 호흡을 길게 하셔야 됩니다. 길게 들이마시고 길게 내쉬어야 됩니다. 사람은요 죽을 때까지 호흡을 몇 번 하라 하는 것이 나온답니다. 몇 번이라고 하면 여러분들 잘 이해가 잘 안가겠지요. 몇 번 하면 너는 죽어야 된다고 하는 겁니다. 여러분들이 막 달리기를 했다고 합시다. 그래서 호흡이 막 가빠지잖아요. 그러면 빨리 빨리 호흡을 하다보면 생명이 단축될 겁니다. 그렇게도 볼 수 있지요. 길게 호흡을 하면 그만큼 늘어나게 됩니다. 다시 말하면 신선이 되려면 반드시 조식법調息法을 배워야 됩니다.

금촉禁觸하는 것도 마찬가지지요? 몸가짐을 예를 들어 금촉禁觸하는 데 여섯 가지가 있습니다. 하나씩 예를 들어볼까요. 예를 들어서 성聲입니다. 고함치지마라, 그리고 색色입니다. 음탕한 짓 하지마라, 그 다음에 취臭, 냄새에 취하지 마라. 본드 마시는 것 있지요? 취하지 마라 하는 겁니다. 그 다음에 미味, 이게 식도락에 너무 빠지지 마라. 맛에 빠지지 마라. 음淫이라는 말은 섹스지요? 이런 거 하지 마라는 겁니다. 다음에 저低, 아주 저급한 행동을 하지 마라는 겁니다. 여기에 다 있어요. 6가지가 이게 전부 다 하나 하나 지시를 하고 있습니다.

내가 시간이 없어서 지금 다 말씀을 못 드리는데, 이거야 말로 정말 우리가 이런 경지에 간다면 신인이 안 된다고 못합니다. 신선이 될 수 있는 거예요. 이렇게 고대 우리 문화에서는 하나 하나 사람의 경지가 신의 경지에까지 갈 수 있다고 봤습니다. 서구 쪽에서는 이렇게 안보지요. 턱도 없는 소립니다. 신은 굉장히 높은데 있고, 사람은 모두 죄인이잖아요. 전부 원죄를 지었고, 신이 용서를 한다고 하면 용서가 되는 거고 용서하지 않는다고 하면 안 되는 겁니다. 예정설이란 게 그런 거 아닙니까?

우리는 그런 게 아닙니다. 다 할 수 있다는 얘기죠. 단 하는 방법은 이렇다는 겁니다.

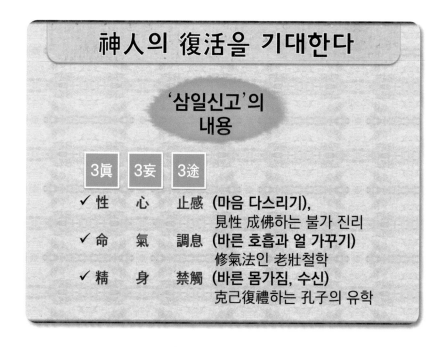

神人의 復活을 기대한다

'삼일신고'의 내용

3眞	3妄	3途	
✓ 性	心	止感	(마음 다스리기), 見性 成佛하는 불가 진리
✓ 命	氣	調息	(바른 호흡과 얼 가꾸기) 修氣法인 老壯철학
✓ 精	身	禁觸	(바른 몸가짐, 수신) 克己復禮하는 孔子의 유학

3. 21세기의 교육과 '혼'

인성교육, 창의성 교육

21C 교육에 대해서 조금 논해야겠습니다. 사실 21C 교육, 이거 심각한 문제거든요. 자 넘어갑시다. 우리나라 선조들은 교육이 농사짓는 거와 똑같다고 했습니다.

八八이라는 건 88번이나 논에 다녀야 한다는 것이고, 그 다음에 21C 교육은 인성교육, 창의성 교육입니다. 이거는 모든 교육학자들이 결론적으로 말하는 겁니다. 21세기는 인성교육을 똑바로 시켜야 한다. 그 다음에 창의성 교육이 그 나라의 가능성, 또 선진국으로 갈 수 있는 모든 컨셉이 이 창의성 교육에 달렸다. 여러분 동의하시지요?

그런데 우리나라 인성교육 합니까? 입시교육으로 완전히 망쳐놨잖습니까? 그 다음에 창의성 교육 합니까? 암기식으로 끝나버렸잖아요. 사실 개인적으로 나도 교육계에 있었지만 이게 안됩니다. 제도적으로 묶어놨어요. 일류대학 줄서기 하는데 이게 됩니까? 어떻게 인성교육을 합니까? 그러면 이걸 어떻게 해야 되느냐 이거지요. 21세기 교육에서 우리가 실천해야 될 아이템입니다. 이 부분을 저는 이렇게 생각합니다. 인성교육과 창의성 교육은 우리 고전에 그대로 원형이 남아 있다 이 말입니다.

예를 들어서 하버드 스타일이란 게 있어요. 하버드가 세계 최고의 대학입니다. 이 하버드 스타일이라는 책을 쓴 분이 있어요. 조선일보 기자가 하버드에서 3년 동안 있었던 경험담을 썼어요. 여러분도 보신 분이 있는지 모르겠지만 하버드 스타일은 3가지가 있어요. 하버드 졸업생들은 우리나라 일류대학 졸업생처럼 메리트가 없습니다. 하버드는 그런 거 없습니다. 미국 사람들은 어느 대학 나왔느냐를 문제 안 삼습니다. 어떤 경우에는 대학 졸업도 묻지 않아요. 너 뭐할 수 있느냐 그게 끝입니다. 너 뭐할 수 있느냐? 한번 해봐라 나한테 한번 보여 봐라. 맞나 안 맞나? 이걸로 끝이예요. 그러기 때문에 하버드 스타일이란 게 세 가지인데, 참 이게 맞다란 생각이 들어서 오늘 소개를 합니다.

첫째는 뭐냐? 하버드에 들어가면 제일 먼저 해야 될 게 나는 누구냐를 알아야 된다는 겁니다. 여러분들 이 질문보다 어려운 질문이 없지요? 나는 누구냐를 알아라 하는 것은 나의 정체성이 누군지 알라는 뜻이지요. 내가 이 세상에 무엇 때문에 태어났는지 그 이유를 알라는 얘기예요. 그게 쉽지 않은 문제지요. 이거 쉬운 문제가 아니지요. 그래서 고민 고민 하면서 나는 누구냐 내가 무엇을 하기 위해 태어났느냐 이거를 찾아다닌다는 겁니다.

그 다음에 하는 일이 내 텔런트가 뭐냐? 나는 어떤 직업을 가져야 성공할 수 있겠는가? 그리고 내가 그 일을 할 때 의미가 있어야 되고 말이죠. 나쁜 짓을 할 때 의미가 없잖아요. 긍정적인 의미가 있어야 되고, 그 다음에 그 일을 하는 그 자체가 내가 재미가 있어야 되는 겁니다. 내가 소질이 있다는 얘기지요. 의미가 있고 재미가 있으면 된 거예요. 마지막으로 그 일에 올인하는 거예요. 그럼 내가 갖고 있는 모든 에너지를 그걸 위해서 투자를 한다는 거예요. 그럼 하버드를 졸업한 사람은 어떤 일을 하냐 하면 자기가 하고 싶은 일을 한다, 이게 되지요. 그 다음에 자기가 하는 일에 의미가 있다. 되지요? 그러니까 이 사람은 점점 더 자기가 평생을 일해도 의미와 재미가 있기 때문에 스킬 레벨이 높아질 것 아닙니까? 그러니 그 사람을 선택하는 거예요. 그러면 그 사람이 열심히 하는 겁니다. 이게 어떤 의미에서 인성교육과 창의성 교육을 그대로 합쳐 놓은 겁니다.

그 다음 봅시다.

그러면 예를 들어서 참 교사는 가르치지 않는다. 그러면 선생님이 애들을 안 가르치면 어떻게 가르치라는 말이냐 하는 얘긴데 상당히 깊은 뜻이 있습니다. 예를 들면요. 놀이처럼 하라는 거예요. 참

21세기의 교육과 '훈'

- ✓ 선조들은 '교육은 농사짓는 것과 같다'고 봄.
- ✓ 米자의 의미 : 八十八
- ✓ 21세기교육의 핵은 人性교육과 創意性교육으로 봄.
- ✓ 하버드 스타일 : 3가지 화두 제시
    (나는 누구냐? 탤런트는? 올인하기)
- ✓ 참 교사는 가르치지 않는다.
- ✓ Soil 흙, Soul 영혼은 같은 어원이다.

진짜 교육은 놀이처럼 하라 하는데 하나의 경험 속에 녹아 있어야 되는 겁니다. 교육 자체가 하나의 경험 속에 녹아 있어야 돼요. 그럴 수 있도록 교사가 리드를 해 나가야 된다. 이것이 교육의 핵심입니다. 그래서 놀이는 기쁨입니다. 그리고 해답을 얻는 것이 아니라 해답을 얻을 수 있도록 모티브, 동기를 부여해 주는 것이 교육입니다. 그렇게 해야 자기가 재미를 느낄 것 아닙니까? 재미가 있어야 되거든요. 그러면 하지 마라 해도 합니다. 이렇게 교육을 시켜야 인성교육과 창의성 교육을 함께 아울러 줄 수 있다. 이런 얘깁니다.

그 다음에 봅시다.

그러면서 여기에 쓰인 쏘울soil/soul이 흙이고 영혼인데, 그러니까 이게 무슨 소리냐 하면 자연으로 돌아가라는 얘깁니다. 자연으로 돌아가야 올바른 영적 교육을 할 수 있다 그런 얘깁니다.

그래서 인성교육, 이것은 저는 한의 순리順理에서 찾을 수 있다고 봅니다. 순리順理라고 하는 건 저번 강의할 때 몇 번 말씀을 드렸을 걸로 기억이 됩니다. 순리라는 것은 개인의 행복을 추구하는 겁니다. 왜 그러냐 하면 순리대로 하는 거니까요. 인성교육이라는 거는 억지로 하는 것이 아닙니다. 네가 뭘 할 수 있느냐 하면 네가 뭐를 할 수 있겠다는 그것이 나무의 결과 같은 겁니다. 자기의 타고난 소질이잖아요. 그 소질을 잘 계발해주라는 얘깁니다. 하버드도 마찬가지 아닙니까? 네가 뭘 할 수 있느냐? 탤런트가 뭐냐? 그러니까 나의 탤런트가 뭐다. 그러면 그걸 개발하라는 이야기입니다. 개는 그걸 하면 별로 힘을 안 들이고도 할 수 있고, 성공을 할 수 있습니다.

세계적인 경쟁력을 가질 수 있는 걸로 갈 수 있는 거예요. 왜? 지가 하고 싶으니까.

억지로 해서는 안 되는 겁니다. 예를 들면 서울법대 가라. 서울법대가 취미 없는 사람을 기어이 가라고 하면 그 사람은 견뎌내지를 못합니다. 첫째, 의미가 없어요. 재미가 없어요. 그러다보면 그게 사람 사는 것이 아니라, 행복이 아니잖아요? 이건 불행입니다. 그러면 적어도 인성교육을 하려면 자기가 행복해야 된다. 그 행복할 수 있는 방법이 뭔지 본인이 연구해라, 본인이 그걸 찾아서 전력투구를 하라. 이렇게 보면 됩니다.

그 다음요.

21세기의 교육과 '훈'

인성교육

- ✓ '훈'의 순리
- ✓ 교육은 생명활동(걸음마)이다.
- ✓ '도토리'론 : 도토리는 참나무 되는 법을 안다.
  모든 정보가 씨앗 속에 존재.
- ✓ 순리교육의 전범
  - 남명 조식 선생이 제자에게 준 소.
  - 이이 선생의 생강론.

생명활동

교육은 생명활동입니다. 예를 들어서 그런 말이 있지요? 여러분들, 아들딸 다 키웠잖아요? 아이들의 성장을 지켜보았을 겁니다. 애들은 걸음마 하기 위해서 수없이 넘어집니다. 자빠지고 엎어지고, 그런데 아기가 포기합니까? 절대로 포기 안 합니다. 만약에 걔가 걸음마를 하다가 포기해버리면 어떻게 되느냐? 다시 못 일어서겠지요? 그런데 그건 생명활동이기 때문에 누가 시키지 않아도 엎어지고 자빠지고도 결국 걷게 됩니다. 이게 바로 생명활동이지요. 바로 교육이 그런 거라 말입니다. 자기가 하고 싶도록 해줘야 된다는 얘깁니다. 걸음마처럼. 누가 하라 한 거 아닙니다. 왜? 순리이기 때문에. 그래서 인성교육은 순리라는 말씀을 드립니다.

그다음에 도토리 얘기입니다. 요만한 거, 참나무에서 떨어지는 거 주워다 묵을 만들어 먹는 거 있지요? 도토리 속에는 많은 정보가 들어있거든요. 누가 도토리를 보고 참나무 되는 법을 안 가르쳐 줍니다. 안 가르쳐줘도 도토리가 싹이 나서 자라면 참나무가 되고 수없이 많은 도토리를 내게 되잖아요. 이게 교육입니다. 이게 순리라는 거예요. 이게 바로 인성교육이라는 거예요. 이 속에 다 해답이 있다. 이렇게 얘기해 드릴 수 있습니다.

그 모든 정보가 씨앗 속에 존재해 있고 순리교육의 전범을 보여주는 게 제가 말씀을 드렸지요?

다음 남명 조식 선생을 비롯하여 우리 선조들이 제자에게 어떤 교육을 했는지에 대해서 몇 가지 예를 들겠습니다. 남명 조식 선생님 잘 아시잖습니까? 이분 제자가 과거에 급제를 해서 등극하는 길입니다. 그래서 마지막으로 선생님한테 작별인사를 했어요. 인사를 하면서, "제가 오늘 한양 갑니다." 그러니까 "이 사람 저 우리 집 뒷간에 가면 암소가 한 마리 있으니까 그거 타고 가게." 했습니다. 그래 제자가 선생님이 뒤에 있는 뒷간에 있는 암소를 타고 가라고 하니까 갔어요. 가니 소가 없어요. 그래서 "소가 없습니다." 이렇게 말씀 드릴 수밖에 없잖아요? 그러니 "이 사람아 자네는 성질이 다 좋은데 너무 급해. 그래서 마음의 소를 자네한테 주는 거야." 이게 우리 교육입니다. 여러분 이해 가시지요? 진짜 소타고 가라는 이야기가 아니라. 자네 성질이 급하니까 앞으로 암소를 타고 가듯이 천천히 그리고 아주 정밀하게 다시 한 번 생각해보고 그렇게 해라, 그러면 출세하는데 지장이 없을 것이다. 그 제자가 나중에 영의정까지 올라가신 분인데 두고두고 남명 선생을 못 잊어서 그 암소 이야기를 하신다고 그래요. 이게 우리 선조들이 했던 교육 방법입니다.

그 다음에 이이 선생님은 생강론을 이야기했어요. "자네들은 생강을 아느냐?" 하고요. 생강은 절대로 자기 맛을 안 버립니다. 생강이 들어가야 전체의 맛이 조화를 이루거든요. 아마 여기 음식하시는 분들은 알겁니다. 그래서 생강이 되라고 그런 이야기를 하셨습니다. 이게 우리 순리교육의 전부입니다.

그 다음, 창의성 교육이 나오지요? 창의성 교육, 이게 바로 어디서 나오냐 하면 우리 한의 신바람에서 나옵니다. 정말 신명이 나면 창의성은 저절로 됩니다.

그 다음에 IQ는 다릅니다. IQ는 지능지수고 여기 말하는 창의성은 오히려 EQ쪽입니다. 정서적으로 그 사람이 얼마만큼 지능이 높으냐? 정서지능이라는 말이 있는데 그게 있어야 된다는 겁니다.

그 다음, 창의는 만화경이다. 애들 색종이 넣어서 만화경 보잖습니까? 그때 색종이를 많이 넣으면 넣을수록 더 많은 만화경을 볼 수 있어요. 이게 무슨 이야기냐 하면 창조를 하려 하면 본인의 지식 축적이 점점 많이 되면 될수록 훌륭한 창조를 할 수 있다는, 이게 만화경의 원리입니다. 창조하려고 하면 만화경의 원리를 찾으라 하는 얘깁니다.

21세기의 교육과 '훈'

창의성교육

- ✓ '훈'의 신바람
- ✓ 창의성과 IQ는 다르다.
- ✓ 창의는 '만화경의 원리'
- ✓ 동양인이 우뇌 EQ 발달
- ✓ 感性지수
- ✓ 忘我境地가 핵심이다.

EQ. 감성지수

그 다음요. 동양인이 서양인 보다는 우뇌 EQ가 발달이 되어 있어요. 그렇기 때문에 창의적인 측면에서 동양인이 서양인에 밑지지 않습니다. 동도서기東道西器라는 말이 있잖아요. 동도서기, 서쪽은 기술이고 동양인들은 도라 그랬잖아요. 바로 그런 걸 이야기 합니다.

그 다음요. 감성지수라는 것이 있는데 이 부분도 잘 생각해보면 EQ에 관한 얘기인데요. 감성지수라 말할 때, 첫째 자기의 감정을 인식할 수 있는 능력이 있어야 됩니다. 내가 지금 어떤 상태인지 자기가 자기를 바라봐서 내가 화를 내고 있는 건지, 아니면 아주 슬퍼하는 건지, 자기가 자기의 감정상태를 인지할 수 있는 그런 수준이 되어야 감성지수가 높다고 합니다. 본인이 화를 낸다는 경우에는 본인이 인식이 안 되는 경우입니다. 내가 화를 냈을 때는 내가 나를 벌써 잊어버린 상태거든요. 화가 나라는 사람을 끌고 가버린 상태예요. 이런 경우에는 EQ가 작동을 안하는 겁니다.

그 다음에 EQ 중에서는 또 하나가 자기 동기화라고 하는 건데 이게 무슨 이야기냐 하면요. 내가 지금 현재 슬프다, 이 슬픔에 너무 젖어 있으면 안 되겠다, 어떻게 해야 되겠느냐? 아 이걸 빨리 극복해야 되겠다. 이게 바로 자기 동기화입니다. 내가 지금 현재 상황이 상당히 말이지 다른 사람들에게 상당히 뒤떨어져 있다, 안 되겠다, 어떻게 해야 되겠나? 내가 지금 분발해야 되겠다. 이것도 자기 동기화입니다. 이럴 수 있는 것도 바로 감성지수라는 것입니다.

그 다음에 또 감정이입感情移入이라는 것이 있습니다.

내 친구가 지금 대단히 우울해 있다. 이 친구가 왜 이렇게 우울할까? 이것을 역지사지易地思之라. 내가 그 사람의 감정 속에 들어가서 그 친구가 뭐 때문에 우울한지 그걸 알아내는 것, 이게 감정이입感情移入입니다. 이런 서너 가지를 잘하는 사람이 정서지능이 높은 사람입니다. 다시 말하면 자기만 생각하지 말고 남을 배려할 수 있을 때 EQ가 높다 하는 이야기입니다. 근데 이게 왜 창의성과 관련이 있냐 하면요.

이렇게 생각할 수 있는 것이 결국 다른 사람의 의견까지 생각할 수 있는 것이고, 직선적으로 생각하는 것이 아니고 고루고루 넓게 여러 가지로 많이 생각해 줄 수 있다는 거지요. 그러니 창의성을 할 수 있는 마인드, 바탕이 된다는 그런 이야기가 되겠습니다.

그 다음에 망아지경忘我之境이라는 것은 이것도 몇 번 강의를 했습니다. 엑스타시ecstasy라 그래서 자기를 잊어버리는 것을 말합니다. 잃어버리는 것하고 잊어버리는 것하고 좀 다르지요. 잊어버리는 것이 망아지경입니다. 이런 망아지경에 들어가야 창의가 가능하고 창의성 교육도 가능하다는 것입니다.

이것이 핵심인데, 예를 들어서 에디슨이든지 아인슈타인이든지 많은 발명을 했던 사람들도 어떤 경지에 가면 전혀 자기를 인식을 안합니다. 그런 순간에 머리에 떠오르는 그런 인스프레션inspiration, 영감이 있거든 그걸로 인해서 창의성 발휘를 한다. 그렇게 보시면 되겠습니다.

4. 신바람과 한류韓流

그 다음에 이게 이제 신바람과 한류韓流인데요. 신바람이라 하는 것은 아까 이야기한 바로 창의성 교육이었지요. 그런데 이 한류하고도 상당히 관계가 있거든요. 세계적인 문화코드라고 5강에서 제가 말씀을 드렸습니다만은, 그런 것들이 나타나는 하나의 증명으로 이런 한류도 우리 한번 생각해 볼 필요가 있습니다. 또 이것도 잘 이끌어 가야 됩니다.

학자에 따라서는 지금 한류는 아니고, 한류라는 것도 깊은 뿌리가 있었다. 아주 옛날부터 이 한류의 기운이 있었다고 설명을 합니다. 그런데 일단 한류나 신바람 중에서 우리가 갖고 있는 민족의 원형 중에서 가장 값진 것은 신바람이라고 봅니다. 신명이 나야 되는데, 여러분 꽹과리부터 시작해서 덩덩덩더쿵 덩덩덩더쿵 하면서 덩실덩실 춤이 나오잖아요? 이게 생명활동이예요, 이게. 덩덩은 음양이 짝을 찾는 가락의 집集이요. 덩덕은 음양이 합궁하는 절정의 단계로 오르가즘이요. 쿵은 천지기운이 하나로 풀어지는 해解요, 탈脫입니다. 이게 신바람이 일어나게 되는 우리의 음악적인 가락입니다. 그렇게 여러분들이 이해하시면 되겠습니다.

그 다음에요.

가무와 유희

가무歌舞라는 것도 흡인하는 자장력을 가졌다 하는 이야기인데요. 가무는 노래하고 춤추는 거지요? 우리나라 사람만큼 노래방 문화가 발달된 데도 없다고 그러지요. 노래 좋아하고 춤 좋아하는, 이게 어떤 신명이 나고, 신명이 나면서 모든 것을 흡인하는 그런 거죠. 쉽게 말해서 너와 나의 관계가 소원했던 것도 가무를 통해서 하나가 되는 겁니다.

좋은 예가 있어요. 저 모습이 월드컵 4강 때 우리 아닙니까? 저렇게 많이 모여서 폭발적인 에너지로 신명이 나는 거예요. 저게 누가 오라 해서 온 게 아니잖아요. 누가 오너라. 서울역 광장, 서울시청 광장에 우리 모이자. 그런 게 아니라 저절로 모이는 겁니다. 왜? 신명이 나니까 신바람이 나니까, 이겨야 된다. 사실 우리나라 축구 육십 몇 위인가 월드컵 랭킹이 그렇지요? 근데 4강을 했다는 건 기

신바람과 한류

- ✓ 신바람의 순수미학 : 덩덩 덩덕쿵 신명은 생명력이다
- ✓ 歌舞는 흡인하는 磁場力 : 우리민족은 신바람이 나야 한다
- ✓ 琴瑟의 의미
- ✓ 팀워크의 의미
- ✓ 폭발적인 에너지 분출
- ✓ 신바람의 기적
- ✓ 21세기를 위한 문화 아이콘

적입니다. 아마 앞으로도 이 성적 내기가 어려울 거예요. 근데 했다
는 겁니다. 왜 했느냐? 5천만이 하나가 되었다는 거예요. 신바람이
났다는 거예요. 자 이번에 반드시 이겨야 된다는, 이 신바람의 에너
지가 누구한테 전달이 되는 겁니까? 선수들한테 이 신바람이 다 전
달이 되는 거예요. 그러면 150%의 자기 역량을 발휘한다는 거예요.
이건 누구도 못 말려요. 아무리 날고뛰는 선진국의 잘하는 사람들
도 이 사람이 지금 신바람이 들어 야단하면 못 말립니다. 오죽하면
무당이 시퍼런 작두의 칼날 위에 맨발로 올라서서 춤추겠습니까?
그건 신바람이 난 거예요. 신바람이 났기 때문에 가능한 겁니다.

이것은 다른 민족에게 없는 특성입니다. 한류 좋아하는 일본사람
들이요, 우리나라 한류가 왜 그렇게 좋으냐? 정말로 정情이 있다는
겁니다. 그 사람들은 모녀 간에도 그런 게 있는가 봐요. 우리처럼 끈
끈한 정情이 없어요. 시키고, 피해주지 않고, 남에게 그릇되게 하지
않고, 모녀 간에도 그런 거예요. 아주 사무적으로 그렇게 지내야 됩
니다. 여러분, 이 신바람이라는 게 누구도 여기서 말리지 못합니다.
저번 강의 때 한번 얘기를 했죠? 우리나라 사람들이 정情으로 뭉치
면요 로마 군단보다도 강하다고 하거든요. 진짜로 로마 군단보다
강한 게 우리민족입니다.

금슬

그 다음요. 금슬琴瑟의 의미도 5강 때 잠깐 설명을 드렸습니다만,
이것도 둘이 어느 정도 가까우냐 하면, 젓가락 실화라는 게 있어요.

사랑방 우스갯소리 중에서 부부가 둘이 앉아서 긴 젓가락을 갖고 서로 밥을 먹는데, 긴 젓가락이다 보니 앞의 사람 눈도 찌르고 코도 찌르고 그러잖아요. 그러다보면 부부가 싸움하게 되는 겁니다. 그런데 진짜 금슬이 좋은 부부는 긴 젓가락으로 반찬을 집어서 상대방에게 먹여주는 겁니다. 이 사람은 이쪽으로 먹여주고, 그러면 싸울 일이 없잖아요. 서로 먹여주니까 부딪힐 일도 없고, 거기에 교통사고 날 일이 없잖아요. 그렇게 하는 것이 금슬이고, 그렇게 되면 부부가 신명이 나요. 서로 우리 남편, 우리 마누라 이렇게 되어야지 누가 그걸 시킨다고 그렇게 되지는 않잖아요. 이게 금슬이고 정情이라는 문화라고 묶어서 생각할 수 있습니다.

신바람과 한류

세계 선진국 진입을 위한 키워드가 '흥'이다.

✓ 아시아를 휩쓴 '韓流'는 독특한 문화콘텐츠다.
✓ 한류가 뜨는 몇 가지 이유

情의 문화	신명문화
직설화법	순리문화
강한 가족공동체의식	

세계 선진국 진입을 위한 문화코드가 한류다

그 다음요. 세계 선진국 진입을 위한 문화코드가 한류다. 아시아를 휩쓴 한류는 독특한 문화 콘텐츠다. 한류라는 말이 우리나라에서 만든 말이 아니지요? 1997년 안재욱이 주연한 〈별은 내 가슴에〉라는 영화가 중국에서 상영되면서 중국 신문이 한류라는 말을 처음 썼어요. 그걸 우리가 역수입해서 온 겁니다. 우리가 썼던 말이 아닙니다. 안재욱의 CF모델이 중국에서 이루어지면서 그 당시 가전제품이 TV는 필립스가 중국을 장악하고 있었다고 그래요. 필립스가 텔레비전을 제일 많이 팔았는데, 안재욱이가 CF를 하고, 〈별은 내 가슴에〉가 상영되고 난 후에 필립스를 제치고 삼성이 1위를 했습니다. 조사를 해보니까 그런 게 많더라구요. 베트남에서 김남주 CF가

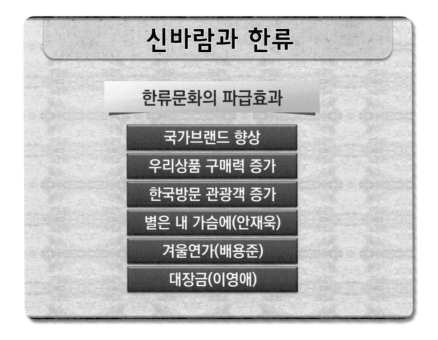

신바람과 한류

한류문화의 파급효과

국가브랜드 향상
우리상품 구매력 증가
한국방문 관광객 증가
별은 내 가슴에(안재욱)
겨울연가(배용준)
대장금(이영애)

들어서면서 랑콤 화장품을 제치고 우리나라 화장품이 1등을 하는 그런 겁니다.

이걸 한마디로 말하면요, 2005년을 기준으로 했을 때 한류의 가치가 4조 5천억인가 그렇습니다. 그만큼 강한 거예요. 이제 한류가 뜨는 몇 가지 이유를 보면요. 정情의 문화이고, 그 다음은 신명문화이고, 직설화법이라고 합니다. 우리나라 사람들은 드라마를 보면 화법이 시원시원 합니다. 우회를 잘 안 합니다. 오히려 그 사람들은 그걸 굉장히 아주 참신하게 받아들입니다. 이런 순리문화를 탄 한류의 파급효과는 국가 브랜드 향상에도 크게 기여하고 있습니다.

우리 상품의 구매력이 증가되는 이유를 설명해드렸지요? 욘사마 때문에 〈겨울연가〉 촬영소에 일본 사람들이 많이 찾아오고 있잖아요. 〈별은 내가슴에〉의 안재욱이나 〈겨울연가〉의 배용준이 그렇고, 그 다음에 〈대장금〉의 이영애도 마찬가지입니다.

잠시 설명을 해드리면요. 앞으로 지속적으로 한류가 브랜드화 되어야겠다는 그런 이야기가 많고, 좀 더 한문화 쪽에서 그런 한류를 지속적으로 할 수 있는 콘텐츠를 개발해야 된다는 것입니다.

5. '흔'문화의 특강을 마치면서

다음에는 한문화의 특강을 마치면서 몇 가지 말씀을 드리겠습니다. 최인호 소설 중에 『왕도의 비밀』이 있습니다. 세 권의 소설로 되어 있는데 이분이, 그게 사발입니까? 사발 밑에 있는 문양(井)을 보고 그 의문을 풀기 위해 4만Km를 다니게 됩니다. 중국 전역을 다 누비고 백두산 천지까지 가면서 그걸 소설로 쓴 것이 『왕도의 비밀』입니다. 결론이 뭐냐 하면, 저것은 광개토대왕이 만든 문양이고 그 뜻은 천지라 한다. 천지라는 뜻은 우리 민족은 천손족이다, 하늘에서 내려온 민족이었다. 그걸 설명하고 있다는 것입니다.

그 다음요.

제국의 미래

몇 가지 화두를 볼 필요가 있습니다. 『제국의 미래』를 썼던 에이미 추아 교수인데요. 미국에 있는 중국 계열의 교수입니다. 이 분이 말한 내용 중에서 세계패권국이 되려면 관용을 해라, 관용하지 않으면 안 된다. 몇 가지 예를 들면, 최초의 패권국은 페르시아입니다. 페르시아가 세계인구 1/3을 지배했다고 그러는데, 세 가지 특징이 있습니다.

첫째는, 절대로 정복한 왕을 죽이지 않습니다. 그 다음에 그 나라에 있는 고유 종교를 허물지 않았습니다. 그 다음에 귀족과 왕은 호사스럽게 살도록 보장해준 겁니다.

이것 때문에 페르시아가 수백 년 동안 세계 패권국으로 존재할 수 있었다고 보았습니다.

로마도 마찬가지입니다. 팍스Pax 로마라는 거 있지요? 로마가 2천년을 계속했습니다. 2천년 동안 계속할 수 있었던 것은 이게 정복한 나라에 대해서 역시 종교, 또 관습을 절대로 허물지 않았습니다. 간섭하지 않았어요. 그 다음에 피정복 국가의 국민이라도 황제가 될 수가 있었어요. 실제로 피정복 국가의 출신으로 황제가 두 사람인가 있었습니다. 이건 역사에 있었던 얘기고요. 인종차별을 하지 않았습니다. 그렇기 때문에 로마가 2천년을 계속해서 패권국으로 갈 수 있었다 하는 얘기입니다.

징기스칸 잘 알지요? 몽골제국은 세계영토의 1/2을 차지했던 패권국이었지요. 징기스칸은 철저하게 말살을 시켰어요. 아예 초토화시켰는데, 단 뭘 손대지 않았느냐 하면 그 나라 종교를 차별하지 않았고, 인종차별하지 않았고, 여성 납치하지 않았고, 그 다음에 기술인을 무조건 받아들였어요. 여러분 햄버거라는거 있지요? 이 사람들 열흘 내지 보름 동안은 식량 없이도 전투를 치를 수 있습니다. 이 사람들은 전부 기마대 아닙니까? 한 보름 정도는 식량 없이 가능한 것은 말고기를 썰어가지고 말 안장 밑에다 넣고 다닌답니다. 그러니까 식량 걱정 할 게 없는 거예요. 막 타고 다니다가 끄집어내어 씹고 또 달리는 거예요. 우리처럼 밥하고 그런 게 없습니다. 그런데 함부르크에가서, 그 고기만 먹으니까 좀 뭐하지요? 거기다가 빵을 덮어서 먹은 그것이 햄버거의 시초랍니다. 햄버거라는 것은 함브루크에서 몽고인들이 말고기를 빵 사이에 넣어서 먹은 것이 시초입니다. 그래서 햄버거라는 거예요. 햄버거의 기원도 이 사람은 징기스칸에서 왔다고 합니다.

미국이라는 나라도 민주주의, 다원주의 모두 인정하는데 남아 있는 문제는 인종차별이 있지요. 그 다음에 아메리카 인디언에 대한 학살, 이런 부분이 있기 때문에 에이미 추아 교수는 어떻게 설명하냐 하면 앞으로 미국은 상당부분 문제가 있다 패권국이 되기 위해서는 관용을 해야 되는데, 왜? 역사에 보니까 다 그렇다. 그런데 미국은 좀 문제가 있다고 그래요. 그런데 제가 하고 싶은 이야기는 에이미 추아 교수가 말했던 관용이라는 것이 뭐냐 하면 바로 모든 것을 포용하고 하나로 만드는 한사상입니다. 한의 문화입니다. 그런 점을 강조하고 싶어서 이 분의 얘기를 끄집어낸 겁니다.

그 다음에 몇 가지 더 봅시다.

몇 가지 화두

우리나라에 지금 심각한 몇 가지 화두가 있는데요.

첫째, 중국 동북공정 문제 있지요? 이건 상당히 심각해요. 다민족 역사관이라고 제가 설명을 드렸지요? 중국 땅의 역사는 고조선이고 뭐고 모두 다 우리 역사다. 그래서 다민족 역사관을 끄집어 냈고, 이 사람들이 다민족 역사관을 하는 이유는 김정일 사후에 북한을 어떻게 할 것인가? 이게 기득권을 주장하기 위해 이런 이야기를 할 것이다. 그러니 남북통일이 쉽게 될 것이냐, 어떻게 될 것이냐 하는 문제를 생각해야 됩니다. 동북공정을 위해 중국이 돈을 3조원을 넘게 퍼부었습니다. 북한 땅에 대한 선점권을 갖기 위해서 미리 포석을 해 놓은 겁니다. 그러니 이걸 어떻게 해야 될 것인지 우리는 생각해야 될 문제입니다.

다음에는, 일본이 지금까지 해방 50년이 지나도 아직 한 번도 사과한 일이 없어요. 정식으로 사과한 일이 없습니다. 기껏해야 호소카와 수상이 1997년입니까? "창씨개명을 해서 미안하다." 이 소리밖에 한 일이 없어요. 구체적으로 위안부 문제부터 뭐 전부 다 시치미 떼지요. 아니다 우리는 모르겠다. 지금도 한국을 침략했다는 생각을 안 하고 미개인 너희 나라를 잘 발전시켰다고, 이런 소리를 하고 있어요. 이것도 우리가 앞으로 생각해야 될 문제입니다.

네셔널 아이덴티티

우리나라 남북통일 후도 생각해야 될 문제입니다. 상당히 보통 상황이 아닙니다. 나라가 어려울 때면 임금은 석고대죄하고, 민초들은 난장에 갔는데요. 우리 정치인들이 이 뜻을 알아야 해요. 왜냐

'혼'문화 특강을 마치며

몇 가지 화두

✓ 제국의 미래 (아이미 추아 교수)

✓ 중국의 동북공정

✓ 일본의 왜정에 대한 사과가 없는 점

✓ 우리나라 남북통일 후의 상황

✓ 우리정치와 정치인들의 개혁의지

민족정체성
(National Identity)
바로 찾는 운동은
민족중흥의
키워드이다

하면 시절이 어수선하면 임금은 산에 가서 물 한모금 안마시고 오랫동안 석고대죄하며, "제가 잘못했습니다. 하나님 용서하세요." 이렇게 고하고, 그 대신 민초들은 난장에서 맺힌 한을 풀었습니다. 절도, 살인 이외에는 전부 묻지 않았습니다. 양반을 욕해도 탓하지 않았어요. 말하자면 집단 스트레스를 풀었던 것이 난장입니다. 여기에 '판' 자가 붙어 난장판이 된 겁니다. 어원이 여기 있는 거예요. 마음껏 스트레스를 풀어라 하는 거예요.

다음은 민족정체성인데 제가 6강까지 마치면서 결론이 이겁니다.

네셔널 아이덴티티National Identity, 민족정체성을 찾는 문제, 이것은 바로 우리 민족 중흥의 키워드입니다. 이걸 찾지 않으면 안 됩니다. 지금 우리나라가 2만 불 소득을 했다, 그러면 2만 불 소득에 걸맞는 정신문화가 따라가 줘야 됩니다. 그 길은 본래 우리문화의 정수를 찾아 가지고 보존해야 하고, 나아가 다른 문화를 받아들이면서 스스로 취사선택을 하고, 또 우리 문화를 진화시켜 나가는 것! 이 일은 반드시 필요한 일입니다. 이게 바로 2만 불 시대에 맞는 우리 민족으로서의 정신적인 르네상스이고, 이것이 또한 한문화가 세계적인 문화경쟁력을 확보하는 길이라는 점을 강조하며 제 얘기를 모두 마치겠습니다. 그동안 감사합니다.

김교빈, 『한국철학 에세이』, 도서출판 동녘, 2003.

김상일, 『한밝문명론』, 지식산업사, 1988.

박창범, 『하늘에 새긴 우리역사』, 김영사, 2002.

송호수, 『한민족의 뿌리사상』, 기린원, 1989.

최민홍, 『한철학과 현대사회』, 성문사, 1988.

김형효, 『한국사상 산고』, 일지사, 1985.

안창범, 『민족사상의 원류』, 교문사, 1992.

김상일, 『한사상』, 온누리, 1990.

김상일, 『퍼지와 한국문화』, 전자신문사, 1992.

이을호, 『한사상의 묘맥』, 도서출판 사사연, 1986.

임균택, 『한사상과 윤리』, 형설출판사, 1992.

김용운, 『원형의 유혹』, 한길사, 1995.

김용운, 『일본의 몰락』, 한국경제신문사, 1988.

홍일식, 『한국인에게 무엇이 있는가?』, 정신세계사, 1996.

안재식, 『한국인의 삶과 사랑』, 인문당, 1990.

이상시, 『단군실사에 관한 고증연구』, 고려원, 1990.

김병모, 『한국인의 발자취』, 집문당, 1992.

이기백, 『단군신화논집』, 새문사, 1990.

서희건, 『잃어버린 역사를 찾아서(1,2,3)』, 고려원, 1987.

이어령, 『기업의 승패 문화가 좌우한다』, 한국통신출판부, 1986.

이형구, 『단군을 찾아서』, 살림터, 1994.

박용숙, 『한국의 시원사상』, 문예출판사, 1988.

김중태, 『원효결서(1,2)』, 화산문화, 1997.

최창조, 『풍수사상』, 민음사, 1992.

김인회, 『한국 교육사상 연구』, 집문당, 1986.

김원룡, 『한국 고고학개설』, 일지사, 1992.

김무조, 『한국신화의 원형』, 정음문화사, 1989.

조명기,『한국사상의 심층연구』, 우석, 1990.

김인회,『한국무속사상연구』, 집문당, 1987.

김태곤,『한국무속연구』, 집문당, 1991.

한국철학회,『한국철학사(상중하)』, 동명사, 1990.

최인호,『왕도의 비밀』, 샘터, 1995.

민족문화추진회,『국역 퇴계집』, 광명인쇄, 1968.

문창옥,『화이트헤드 과정철학의 이해』, 통나무, 2002.

문정창,『한국고대사』, 인간사, 1988.

강길운,『고대사의 비교언어학적 연구』, 새문사, 1990.

이승국역,『한단고기』, 정신세계사, 1987.

김기홍,『한국고대사』, 역사비평사, 1988.

이형구,『한국고대문화의 기원』, 도서출판 까치, 1991.

리지린,『고조선 연구』, 도서출판 열사람, 1983.

고준환,『하나 되는 한국사』, 범우사, 1992.

함석헌,『뜻으로 본 한국사』, 한길사, 2008.

안재세,『연광과 통한의 세계사』, 터울림, 1991.

김석형,『고대한일관계사』, 한마당, 1988.

김달수,『일본열도에 흐르는 한국혼』, 동아일보사, 1993.

제갈태일,『한사상의 교육철학적 접근』, 1993.

제갈태일,『한사상의 뿌리를 찾아서』, 더불어책, 2004.

신과학연구회,『신과학운동』, 범양사, 1992.

J.E 러브럭/홍옥희 역,『가이아』, 범양사, 1993.

R.S 피터즈/이홍우 역,『윤리학과 교육』, 교육과학사, 1991.

스티브 호킹/김동광 역,『호두껍질 속의 우주』, 까치, 2002.

프리초프 카프라/이성범 역,『현대물리학과 동양사상』, 범양사, 1991.

프리초프 카프라/김용정 역,『생명의 그물, 범양사, 1998.

프리초프 카프라/이성범 역,『새로운 과학과 문명의 전환』, 범양사, 1990.

야나기무네요시/이길진 역,『조선과 그 예술』, 신구, 1994.

강인선,『하버드스타일』, 웅진지식하우스, 2008.

에이미 추아/이순희역,『제국의 미래』, 비아북, 2008.

당태종唐太宗과이십사장二十四將

이십사장은 이연李淵을 도와 당 왕조를 건립하고, 또 현무문玄武門의 정변에서 진왕秦王 이세민李世民을 도와 그가 황제로 등극하는데 결정적인 공을 세운 24명의 공신을 말한다.

이재석 저 | 512쪽 | 값 20,000원

광무제光武帝와 이십팔장二十八將

이십팔장은 후한 광무제 유수劉秀가 정권을 수립하는데 큰 공을 세운 스물여덟 명의 무장을 말한다.

이재석 저 | 478쪽 | 값 20,000원

잃어버린 상제문화를 찾아서 동학

상제관이 바로 서지 않으면 우주만물의 원 주인도 제자리를 잡지 못한다. 그래서 이 책은 최수운이 창도한 동학에서 상제관 바로 세우기의 일환으로 집필되었다.

증산도상생문화연구소 | 255쪽 | 값 15,000원

격동의 시대 19세기 조선의 생활모습

이 책은 19세기의 사회상을 리얼하게 보여주려는 자료집이다. '증산상제의 강세를 전후한 모습, 곧 선후천의 갈림길에 선 19세기 조선의 모습'이다.

김철수 저 | 311쪽 | 값 20,000원

정역과 천문력

한평생 정역을 공부한 저자가 강의록을 책으로 출간하였다. 이 책을 통해 저자는 세상에 처음으로 수지도수手指度數의 실체를 드러내었다. 정역의 핵심인 수지도수의 이론과 동양천문에 대해서 쉽게 도해로 설명하고 있다.

권영원 저 | 648쪽 | 값 29,000원

주역참동계

만고 단경왕丹經王인 주역참동계를 통해서 저자는 동양의 내외단과서양의 연금술의 전통이 일치함을 주장한다. 지금까지의 참동계 관련 문헌을 총 정리하였으며, 도장경에 나오는 참동계 관련 도해를 처음으로 소개하여 독자들의 이해를 높였다.

임명진 저 | 584쪽 | 29,000원

천지역수와 중정지도

천도天道를 자각한 성인聖人의 뜻은 상수象數와 사辭, 변變을 통해 인도人道로 드러난다.
인도人道를 실천하는 군자의 사명을 통해서 천명이 이르게 됨을 구체적으로 밝히고 있다.

김제홍 저 | 376쪽 | 값 29,000원

정역구해

김일부의 『正易』을 한 구절씩 낱낱이 풀이한 입문서에 해당한다. 정역을 전문으로 연구하는 사람들은 물론, 처음 배우는 사람들을 대상으로 삼고 있다.

권영원 저 | 500쪽 | 값 25,000원

근본으로 돌아가라 【원시반본, 보은, 해원, 상생】

개벽를 극복하고 후천선경을 건설하기 위해 인간은 어떠한 삶을 살아야 하는가를 증산 상제님의 행적과 가르침이 담긴 『증산도 도전』을 중심으로 설명

유 철 저 | 301쪽 | 20,000원

정역과 주역

김일부선생의 생애와 학문적 연원에 대해 쉽게 설명을 하고있으며, 정역을 공부할 수 있게 대역서의 구성원리와 서괘원리, 중천건괘와 중지곤괘에 대한 해석을 하고있다.

윤종빈 저 | 500쪽 | 값 20,000원

인류의 어머니 수부首婦 고판례

강증산 상제님의 종통을 계승한 고판례 수부님의 숭고한 사랑과 은혜의 발자취.

노종상 저 | 454쪽 | 값 20,000원

인류문명의 뿌리, 東夷

인류문명의 시원을 연 동방 한민족의 뿌
리, 동이東夷의 문명 개척사와 잃어버린
인류 뿌리역사의 실상을 밝혔다.

김선주 저 | 112쪽 | 6,500원

인류원한의 뿌리 단주

강증산 상제에 의해 밝혀진 반만 년
전 요임금의 아들 단주의 원한, 단주
의 해원 공사를 바탕으로 전개되고 있
는 상생문명건설의 실상을 보여준다.

이재석 저 | 112쪽 | 값 6,500원

일본고대사와 한민족

수많은 백제인의 이주와 문화전파에
따른 문화혁명, 그리고 문화 선생국
백제의 멸망. 그 때마다 일본이 보
여준 태도는 모두 한가지 사실로 모
아진다. 곧'일본 고대사 는 한민족의
이주사'라는 사실이다.

김철수 저 | 168쪽 | 값 6,500원

생명과 문화의 뿌리 삼신三神

삼신은 만유생명의 창조와 문화의
뿌리이며 한민족의 정서에는 유구한
정신문화로 자리매김 되어 있음을
보게 된다.

문계석 저 | 196쪽 | 값 6,500원

천국문명을 건설하는 마테오리치

살아서 뿐만 아니라 죽어서도 새 시
대 새 문명을 여는데 역사하고 있는
마테오리치의 생애를 집중조명한다.

양우석 저 | 140쪽 | 값 6,500원

일본의 고古신도와 한민족

우리가 왜 일본의 고대사에 주목하는가? 그것은 일본 고대사의 뿌리가 한민족에 있기 때문이다.

김철수 저 | 239쪽 | 6,500원

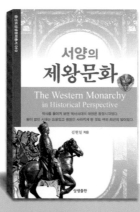

서양의 제왕문화

역사를 돌이켜보면 역사시대의 태반은 왕정시대였다. 이 책은 고대로부터 현대에 이르기까지 이러한 서양 왕정의 역사를 간략히 조망한 책이다.

김현일 저 | 215쪽 | 값 6,500원

만고萬古의 명장名將, 전봉준 장군과 동학혁명

전봉준의 혁명은 동학의 창도자 최수운이 노래한 세상, 곧 후천 오만년 운수의 새 세상을 노래한 것이었다.

김철수 저 | 192쪽 | 6,500원

천지공사와 조화선경

증산상제가 제시한 우주문명의 새로운 틀짜기와 판짜기의 프로그램이 바로 '천지공사天地公事'이다.

원정근 저 | 136쪽 | 값 6,500원

홍산문화
【한민족의 뿌리와 상제문화】

홍산문화의 주인공은 동이족의 주체세력이며, 적석총·제단·여신묘의 제사유적군은 상제문화를 대표로 하는 한민족의 뿌리문화를 보여주는 것이다.

김선주 저 | 144쪽 | 값 6,500원

천주는 상제다

『천국문명을 건설하는 마테오 리치』의 자매편으로 동서양의 종교를 대표하는 기독교와 신교의 신인 천주와 상제가 결국은 동일하다는 사상을 주제로 삼는다.

양우석 저 | 151쪽 | 값 6,500원

주역周易과 만나다

주역 64괘중 기본괘인 건괘, 곤괘, 감괘, 리괘와 겸괘, 사괘, 대유괘, 혁괘를 정리한 주역입문서.

양재학 저 | 285쪽 | 값 6,500원

도道와 제帝

개벽사상에 대한 새 담론은 도道와 제帝의 관계에서 출발하며, 인류문명의 패러다임의 전환이 어떻게 가능한가 하는 물음이 담겨 있다.

원정근 저 | 188쪽 | 값 6,500원

하도낙서와 삼역괘도

인류문명의 뿌리인 하도와 낙서의 세계와 복희팔괘, 문왕팔괘, 정역팔괘를 쉽게 정리한 입문서.

윤창열 저 | 197쪽 | 값 6,500원

원한을 넘어 해원으로

140여 년 전 증산상제가 밝혀 준 해원 문제의 '코드'를 현대인들이 보다 쉽게 이해할 수 있도록 재조명 하였다. 원리적 접근과 역사적 경험적 접근으로 다가간다.

이윤재 저 | 186쪽 | 값 6,500원

한민족 문화의 원형, 신교

신교는 상고 이래 우리 겨레의 삶을 이끌어 온 고유한 도로써 정치, 종교, 예술 등이 길어져 나온 뿌리가 되는 원형문화다.

황경선 저 | 191쪽 | 값 6,500원

어머니 하느님
【정음정양과 수부사상】

상제의 수부이자 만 생명의 어머니인 태모사상을 통해서 어머니 하느님 신앙의 새로운 의미를 되살펴보고, 진정한 여성해방의 길이 무엇인지를 모색하고 있다.

유 철 저 | 189쪽 | 값 6,500원

동학의 창도자 최제우

동학 창도자 수운 최제우의 생애를
동학의 계승자이자 완성자인 참동학
증산도의 관점에서 조명하였다.

김현일 저 | 168쪽 | 값 8,500원

시천주와 다시개벽

이 책은 동학의 핵심이 되는 천주를
극진히 모셔야 한다는 "시천주侍天
主"와 후천 5만년의 무궁한 운수가
열린다는 "다시개벽"의 소식을 심
층적으로 논의하였다.

문계석 저 | 260쪽 | 값 8,500원

주역과 만나다2

주역은 변화의 패턴과 조직을 얘기
하는 책이다. 주역은 자연과 역사와
문명이 어떤 과정을 거치면서 변화
하는가의 문제에서 인간 삶의 방식
을 도출하는 지혜를 가르친다.

양재학 저 | 296쪽 | 값 8,500원

주역과 만나다3

변화는 시간의 지속성과 순환성을
전제로 한다. 주역에서 말하는 변화
는 곧 음양의 몸짓이다. 음양은 힘
의 실체로서 유형과 무형을 꿰뚫는
시간의 파수꾼인 셈이다.

양재학 저 | 300쪽 | 값 8,500원

진묵대사와 조화선경

진묵대사는 증산도에서 부조리하고
불합리한 선천세상을 넘어서 기묘한
조화가 흘러넘치는 후천의 새 세상을
여는데 중요한 한 축을 담당한 인물
로 부각된다.

원정근 저 | 156쪽 | 값 8,500원